丝路百城传

特立,不独行

特别致谢——

乌兹别克斯坦共和国总统　沙夫卡特·米尔济约耶夫

乌兹别克斯坦共和国外交部
乌兹别克斯坦共和国科学院
乌兹别克斯坦共和国作家协会
乌兹别克斯坦共和国驻中华人民共和国大使馆

乌兹别克斯坦共和国外交部部长　弗拉基米尔·诺罗夫
乌兹别克斯坦共和国驻华大使　法霍德·阿尔齐耶夫
乌兹别克斯坦共和国驻华使馆公使衔参赞　巴休尔·图尔苏诺夫
乌兹别克斯坦共和国驻华大使馆二等秘书　伊布拉吉莫夫·曼苏尔
乌兹别克斯坦共和国驻华大使馆新闻秘书　穆扎法尔·卡米洛夫

美丽的撒马尔罕

撒马尔罕全景

列吉斯坦广场是一组宏大的建筑群，由三座伊斯兰教的神学院组成

撒马尔罕市中心

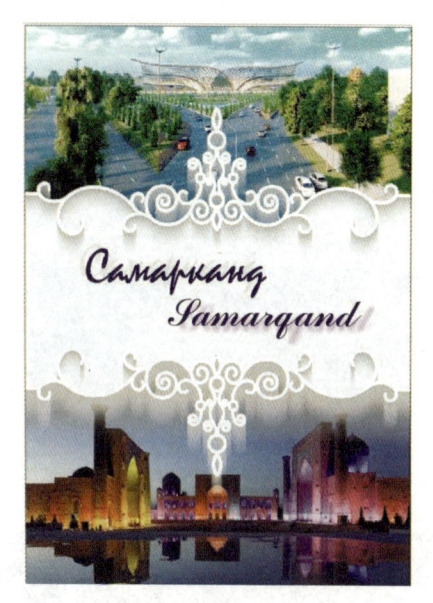

撒马尔罕,魅力之城

如梦之城

撒马尔罕是丝路明珠

帖木儿雕像

瓦西里·韦列谢查金的《胜利》，这幅画描绘了撒马尔罕的神学院

兀鲁伯雕像

"丝路百城传"丛书编委会和编辑部

编委会

主　任：杜占元

常务副主任：陆彩荣

副主任：刘传铭

委　员：（按姓氏笔画排序）

丁　方　万俊人　马汝军　王卫民　王子今

王邦维　王守常　吕章申　邬书林　刘文飞

齐东方　李敬泽　连　辑　邱运华　辛　峰

张　帆　张　炜　陈德海　胡开敏　徐天进

徐贵祥　诺罗夫（乌）　黄　卫　龚鹏程

阎晓宏　彭明哲　葛剑雄　谢　刚

编辑部

主　任：马汝军　胡开敏

副主任：邹懿男　文　芳

委　员：简以宁　蔡莉莉　陈丝纶

出版说明

2013年，中国国家主席习近平向世界提出共建"一带一路"的倡议。自提出以来，"一带一路"倡议深刻影响世界，逐渐从理念转化为行动，从愿景转变为现实，建设成果丰硕，得到国际社会热烈响应。

古丝绸之路打开了各国各民族交往的窗口，书写了人类文明进步的历史篇章。新时代共建"一带一路"的实践，为沿线国家和地区相向而行、互学互鉴提供了平台，促进了不同国家和地区、不同民族、不同文化、不同文明的深入交流。

城市是人类文明的结晶。"一带一路"沿线的城市中，蕴藏着人类千年的历史、多元的文化和无尽的动人故事。我们希望通过出版"丝路百城传"，展现每座城市独一无二的历史和性格，汇聚出丰富多彩、生动可感的"一带一路"大格局，增进文化交流和文明互鉴。

这是一次前所未有的出版探索，我们虽竭尽全力，也深知有诸多不足。期待这套丛书能够得到读者的喜欢，也期待更多的读者、作者、专家、学者等各界朋友对我们的出版工作给予指正。

"丝路百城传"丛书编辑部

THE
BIOGRAPHY
Of
SAMARKAND

历史与现代

撒马尔罕 传

[乌兹别克] A. H. 齐奥 等著

叶航 译　[乌兹别克] 达里亚特·阿普杜拉赫曼诺夫 审校

IPG 中国国际出版集团　新星出版社 NEW STAR PRESS

令大地熠熠生辉之地

在三千年的历史长河中,来自世界各地的伟大诗人和哲学家对撒马尔罕的描述不乏溢美之词:东方明珠、世界的镜子、灵魂的花园、地球的不老容颜——似乎都难以充分描述撒马尔罕这座城市令人惊诧的富饶和美丽。

今天,这座古老而青春永驻的城市——撒马尔罕早已举世瞩目。她是一座独具东方童话色彩的绿洲,留存着古老而灿烂的历史遗迹,是世界文明摇篮之一。这个充满活力和现代化气息的城市,她的工业和社会各领域的发展都极具前景,已经成为一个科学和文化中心。

在远古时代撒马尔罕曾和罗马一起并称为"永恒的城市"。在乌兹别克国家形成和发展的历史进程中,撒马尔罕起到了不可磨灭的重要作用。在世界史上两次东方文艺复兴的传奇就主要出现在这座城市,这座充满传奇色彩的城市是乌兹别克人民拥有悠久历史和独特文化的生动写照!

撒马尔罕坐落在伟大的丝绸之路的中央位置,是世界多种文明和多种重大贸易的交汇处，是东西方之间文明沟通和贸易交往的桥梁。络绎不绝的商队从这里出发前往世界各地，在世界范围内传播新知识和新技术，推广科学和文化成果。

撒马尔罕在埃米尔·帖木儿王朝时代，是这个强盛帝国的首都，当时她就已经进入繁荣的鼎盛时期。一直延续到帖木儿的后世统治者时期，她始终是该帝国的首都。

伟大的科学家、诗人和思想家齐聚这里，进行着富有创造性的工作。因而伟大的科学发现、不朽的文学艺术作品和民间手工艺作品在这块土地上不断涌现。这里不仅兴建了宫殿、清真寺，开办了宗教学校，还建造了商贸客栈、手工业者聚居的街区和漂亮的花园等配套设施。这一伟大的历史和文化遗产理当属于全人类，是我国人民对世界文明发展的宝贵贡献！

哈兹拉特·希兹尔清真寺、列吉斯坦建筑群、兀鲁伯神学院、舍尔·多尔神学院和吉利亚·科里神学院、谢赫·静达陵园、古尔·埃米尔陵园和比比·哈内姆大清真寺等这些建筑杰作，是我们祖先用自己的聪明才智创造的，至今被我国妥善保存，已成为撒马尔罕的光荣象征。

撒马尔罕因其重大的历史背景，整个城市和她的古建筑群都被列入世界文化遗产名录。

如今，每年都有数十万游客前来撒马尔罕参观游览，欣赏这里宏伟壮丽的建筑群，探秘这里的历史，亲身感受这座古城的现代生活气息。

如今在乌兹别克斯坦，为了进一步发展撒马尔罕的旅游事业，对撒马尔罕国际机场的现代化综合改造项目正在实施，这将增加国外直飞撒马尔罕的航班。撒马尔罕市还在建造博物馆、道路和桥梁，来增加必要的基础设施。

最近在撒马尔罕附近开设的"丝绸之路"国际旅游中心，是朝着这个方向迈出的重要实际步骤。我相信，这座结合了东方建筑传统和城市规划领域现代创新方案的美丽建筑群，将成为吸引我国同胞和外国游客的新景点！我想特别指出的是，我国其他的古城——布哈拉、希瓦、沙赫里萨布兹、科坎达和特尔梅兹也在实施类似的大型项目。这些城市也有独特的建筑和艺术以及丰富的文化遗产，也是闻名古城。

在撒马尔罕定期举办大型国际活动，高规格地组织各种论坛和节日庆典已司空见惯。今年撒马尔罕还将迎来上海合作组织成员国元首理事会第二十二次会议的与会者。

我们始终致力于支持和帮助东西方国家和城市保持经济、政治和文化的交往。需要强调的是，乌兹别克人民和中国人民之间惺惺相惜的情感源自久远的时代。这些传统进一步巩固了乌兹别克斯坦和中国目前的友好合作关系，这种关系正全方位地蓬勃发展。在我国已有中国资本参与的合资企业、商号和公司，他们实施了包括文化和人道主义领域在内的大型联合项目，在塔什干和撒马尔罕都有孔子学院，三年前还在撒马尔罕修建了一个以这位伟大的中国思想家命名的美丽公园。

尊敬的中华人民共和国主席习近平先生在2013年访问我国时，高度评价撒马尔罕的历史遗迹，称他们是我国民族和文化的独特典范。2016年6月，他访问了我国另一座古城布哈拉。我很高兴陪同他进行了这次访问。近年来我数次访问中国，亲身感受了中国和中国人民的伟大历史和灿烂文化，给我留下了深刻印象，每每回忆当时的情景，我的心里都倍感温暖。中国外文局新星出版社响应习近平主席"一带一路"的伟大倡议，出版讲述伟大丝绸之路沿线城市的系列丛书"丝路百城传"，丛书中也列入了乌兹别克斯坦的古老城市。我相信，在备受关注的"丝路百城传"项目框架内创作的名为《撒马尔罕传：历史与现代》一书的出版，将有助于加强乌兹别克斯坦与中国的关系，有助于发展两国间的文化交流，并进一步拉近两国人民之间的距离。

乌兹别克斯坦总统

沙夫卡特·米尔济约耶夫

2022 年 8 月 15 日

波斯阿契美尼德王朝苏萨王宫中的格里芬浮雕　资料图片

唐章怀太子墓《仪卫图》(局部) 资料图片

波斯萨珊王朝国王巴赫拉姆五世猎狮银盘　资料图片

总　序

如果说丝绸之路研究让我们洞见了一部全新的世界史，一定会有人表示惊讶与质疑；

如果说城市的创造是迄今为止人类文明进程中最伟大的事情，则一定会得到人们普遍的支持与认同。

"丝路百城传"丛书的策划正是发轫于这样一个历史观的文化叙述：

丝绸之路是一条无路之路；

丝绸之路是一条既古老又年轻，"不知其始为始，不知其终为终"的漫漫长路；

丝绸之路是一条历史时空里时隐时现，变动不居，连点成线，连线成网的超级公路；

丝绸之路是点实线虚，点变线变，点之兴衰即线之存亡的交通形态，那些关山阻隔，望洋兴叹的城市，便如一颗颗璀璨的明珠镶嵌在路；

丝绸之路是一个文化概念，叠加其上的影像曾被不同国家不同民族的人们呼作：铜铁之路、纸张之路、皮毛之路、黄金之路、朝贡之路、宗教之路；

丝绸之路是中西文明交流与传播、邦国拓展、民族融合之路，也是西方探秘中国、解码东方之路，更是我们反躬自问："我是谁？我从哪里来？我向何处去？"的寻根之路、回家之路；

丝绸之路是今日中国走向世界的新起点、新思路，是"一带一路"中国倡议走向人类命运共同体的未来之路……

无可否认，一个世纪以来，丝路研究之话语为李希霍芬、斯文·赫定、斯坦因、伯希和、大谷光瑞、于格、橘瑞超、芮乐伟·韩森、彼得·弗兰科潘等东西方人所主导。然而半个世纪以来的大国崛起，正在使"夫唯不争"之中国快速走向文化振兴。我们要将《大唐西域记》《真腊风土记》的传统正经补史、继绝往圣、启迪民智、传播正信，同时也将丝绸之路城市传文学以实为说、以城为据、芳菲想象、拒绝平庸的创作视为新使命、新挑战。让"城市传"这样一个文学体裁开出新时代的鲜花。

凭谁问：昆仑巍峨、河源滔滔、玉山储秀、戍堡寂寞；

凭谁问：旌节刻恨、驼铃悠远、琵琶起舞、古调胡旋；

凭谁问：秦汉何在、唐宋可甄、东西接引、前路正新；

凭谁问：八剌沙衮今何在？罗马的钟声谁敲响；

凭谁问：撒马尔罕的金桃今何在？帕米尔上的通天塔何时建成、何时倾倒；

凭谁问：伊斯兰世界的科学造诣何时传到了巴黎和伦敦；

凭谁问：鉴真大师眼中奈良和京都的樱花几谢几开；

凭谁问：乌拉尔河上何时传来了伏尔加河的纤夫号子；

凭谁问：杭州湾的帆樯何时穿越马六甲风云……

诗人说：这条路是唐诗和宋词的吟唱，是太阳和月亮的战争；

军人说：这条路是旌旗翻卷的沙漠，是铁骑踏破的血原；

商人说：这条路是关涉洞开的集市，是金盏银樽的盛宴；

僧侣说：这条路是信仰鲜花盛开的祭坛，是生命涅槃的乡路……

一个个城市的前世今生，一个个城市的天际线风景，一个个城市的盛衰之变，一个个城市的躁动与激情，一个个城市的风物淳美与人文精彩，一个个城市的悲欢离合，一个个城市的内动力发掘与外开拓展望，一个个城市的往事与沉思，一个个城市的魅惑和绝世风华……

从长安到罗马（大陆卷）和从杭州湾到地中海（海洋卷）是卷帙浩繁的"丝路百城传"系列丛书的框架结构，也是所有参与写作的中外作家和编辑们共同绘制的新丝路蓝图。《尚书·舜典》有"濬咨文明"之句，孔疏曰："经纬天地曰文，照临四方曰明。"《论语·雍也》曰："质胜文则野，文胜质则史，文质彬彬，然后君子。"又《易经·贲卦·象辞》曰："刚柔交错，天文也；文明以止，人文也。观乎天文，以察时变；观乎人文，以化成天下。"故文化乃"人文化成"而以文教化"圣人之教也"。"周虽旧邦，其命维新"，丛书编纂与出版岂非正当其事、正当其时也！

读者朋友们，没有踏上丝路，你的家就是世界；踏上丝路，世界才是你的世界、你的家园……唯祈丛书阅读能助君踏上这样一个个奇妙无比的旅程。

丝绸之路从远古走向未来，我们的努力也将永无休止。

刘传铭

戊戌谷雨前五日于松江放思楼

引　言：撒马尔罕与中国 / 1

第一章　历史悠久的文明古城 / 3
　　起源及其名称 / 8
　　面临的第一次考验 / 9
　　供水管道 / 11
　　道路和街区 / 12
　　周穆王前往图兰和撒马尔罕 / 13

第二章　中世纪的撒马尔罕 / 17
　　宗教、艺术和文字 / 22
　　走向政治、社会和经济复苏 / 26
　　对外政策 / 39

第三章　第一次文艺复兴时期的撒马尔罕 / 43
　　伟大诗人的故乡 / 57
　　撒马尔罕的重建 / 58

第四章　埃米尔·帖木儿时期的首都 / 61

第五章　第二次文艺复兴的中心 / 73

　　兀鲁伯神学院 / 79

　　艺术 / 80

　　建筑学 / 82

　　帖木儿清真寺 / 84

　　帖木儿陵墓 / 86

　　萨拉伊穆尔卡努姆陵墓 / 89

　　谢赫·静达陵园 / 91

　　帖木儿王朝与中国 / 100

第六章　统治撒马尔罕的最后三个王朝 / 103

　　撒马尔罕统治者：雅兰图什·巴霍迪尔 / 107

　　文学成就 / 113

　　绘画与戏剧 / 113

　　前殖民时期的撒马尔罕 / 114

　　撒马尔罕人在中国 / 119

第七章　沙俄帝国征服撒马尔罕期间 / 123

　　"新城"和"旧城" / 126

　　社会生活 / 127

手工业和贸易 / 130
　　教育体系及其特点 / 138
　　贾迪德主义中心 / 148

第八章　苏联时期的撒马尔罕 / 157
　　乌兹别克苏维埃社会主义共和国首都 / 161
　　第二次世界大战期间的撒马尔罕 / 166
　　文化交汇之地 / 170

第九章　乌兹别克斯坦恢复独立后的撒马尔罕 / 177
　　维护和服务 / 186
　　城市预算和就业问题 / 188
　　科学和教育机构 / 190
　　文化生活设施 / 195
　　卫生保健机构 / 198
　　体育设施 / 201
　　修复历史遗迹和改善博物馆 / 203
　　发展旅游服务和基础设施 / 210
　　现代建筑工程 / 216
　　城市生态平衡问题 / 220

引言：撒马尔罕与中国

撒马尔罕是乌兹别克斯坦最著名的城市之一，有 2750 多年的历史，撒马尔罕的古城坐落在以传说中的国王命名的丘陵上，早在 7 世纪初，阿芙罗西亚普就出现了一座面积超过 200 公顷的聚居地。在其北面和东面有河流拱卫，南面和西面沟壑纵横。在阿契美尼德时期，这座城市的四周有高大的城墙，城墙内有一条内部走廊连接，大多数学者将阿芙罗西亚普与古代马拉坎达联系起来，马拉坎达是位于泽拉夫尚河和卡斯卡达里亚河流域的粟特历史文化发源地的重要城市。但凡研究亚力山大大帝远征史的学者，都不会不注意到与此相关的城市马拉坎达（公元前 4 世纪，希腊人把粟特地区的撒马尔罕城称为马拉坎达）。

撒马尔罕的最发达时期始于 6—7 世纪，当时丝绸之路上的国际贸易蓬勃发展。此时的撒马尔罕是粟特最好的城市。这一时期撒马尔罕的疆域不断扩大，同时城市的城防体系也在不断地加强。

在 6—8 世纪，粟特人积极开展多元贸易，其足迹遍及远东、中亚和中东国家。除了丝绸外，国际贸易还包括织布、珠宝、金、银、铜、武器制造、盔甲、香料、毛皮、地毯、陶瓷、玻璃、瓷器和镜子。在这一时期，撒马尔罕成为粟特最强大的公国之一。

从 7 世纪中叶开始，粟特联邦由撒马尔罕的统治者伊希德领导。由于和中国的大量贸易往来，粟特货币也被仿制成中国的孔方币。中国旅行家玄奘呈报中国的统治者说，撒马尔罕当时是一个人口众多的贸易城市，那里众多的库房里堆满了来自国外的价值不菲的工艺品、手工制品及其他用于交换的产品。7 至 8 世纪，粟特人已经掌握了蚕丝生产的秘诀，粟特的丝绸取代了中国丝绸向西方出口。与此同时，中国的工匠们也通过与粟特人交流掌握了亚麻和羊毛地毯制作的精选工艺。

The
Biography
of
Samarkand

撒马尔罕 传

历史悠久的文明古城

第一章

在乌兹别克，当父母善意祝福他们的子女时，一定会这样许愿：愿孩子们如发芽的灌木丛般蓬蓬勃勃生机不息，但不要惧怕鞭子的抽打！

其含义很简单——让你的根扎得深，枝叶茂盛，建立稳固的位置，且不要害怕苦难的折磨，如此才能让你的思想深邃，心胸宽广，并且多子多福，富足安乐。

这样的祝福语也许不一定适合于所有城市，但对既经历辉煌又多灾多难的撒马尔罕来说，再适合不过了！

撒马尔罕绿洲位于古图兰的泽拉夫尚山谷上。2300万年至258万年前，这里曾是大海，与海洋沉积物有关的遗迹现在可以在绿洲的许多地方看到。特别是位于泽拉夫尚河左岸的丘波诺塔高原就是这样一个典型地带。

阿曼库坦洞穴中发现的旧石器时期的劳动工具

1428—1429年，帖木儿的孙子兀鲁伯在这座山上建立了天文台，他是现代天文学、数学和物理学的奠基人之一。

撒马尔罕绿洲由于其地理位置、有利的自然、气候和生态条件以及丰富的人类生活机会，自旧石器时代中期以来就吸引了人类的注意。据现有的科学资料显示，人类在此居住了超过10万年，在撒马尔罕以南45千米的阿曼库坦洞穴中发现的人和动物的骨头和劳动工具证实了这一点。

根据古植物学和古生物学的资料，这一时期撒马尔罕绿洲盛产各种动物和水果植物，河流中有各种各样的鱼类，人们捕食大象、马、公牛、熊、野猪、鹿、山羊、狼、狐狸、瞪羚等动物，用兽皮搭建小屋，用它们缝制衣服。

4万年至2万年前的文物被发现，特别是用贝壳和动物骨骼制成的项链，表明古代撒马尔罕人对艺术的熟悉，这无疑显示了他们与印度洋海湾区和红海沿岸有文化接触，这些海域是贝壳的原产地。

考古发现了公元前12000—前4000年的陶器、纺纱机和织布机，以及各种石制兵器。在驯化动物的基础上，开始了畜牧业，出现了农业。原始艺术得到进一步发展。社区间的文化联系更加迅速和牢固。公共生活发生了变化。因此，生活中占主导地位的剥削性经济出现了。

泽拉夫尚山谷及其撒马尔罕绿洲是最古老的农业中心之一。我们的祖先早在公

公元前12000—前4000年发现的陶器

图中记录了各种动物的狩猎过程和不同的"宗教"仪式。通常图像是用刮削、敲打和抛光石头来完成的，而这些图像是用颜料绘制的

元前4000年就生活在那里，他们开辟了种植业，朝着文明迈出了大胆的一步。他们种植了谷子、豌豆、大麦、黑麦和小麦等农作物，并完全保留了渔猎的生活方式。

公元前4世纪末至前3世纪初，随着金属工具进入经济生活，劳动生产率急剧提高，灌溉农业得到了发展。畜牧业成为经济的重要行业。撒马尔罕绿洲上出现了人口众多的大村庄，其中大部分村庄形成了手工业生产。

公元前4世纪，我们的祖先对自然及其现象有了相当多的了解。今天，石刻和壁画遍布世界各地的山崖，如奥尔廷斯、乌卡拉、迪兹蒙等地，都可以找到许多雕刻在岩石上的图案。图中记录了各种动物的狩猎过程和不同的"宗教"仪式。通常图像是用刮削、敲打和抛光石头来完成的，而这些图像是用颜料绘制的。

公元前9—前8世纪，在当时大村庄的基础上，出现了第一批城市，比如科克特帕和阿芙罗西亚普，标志着城市化进程的开始。正是从这一时期开始，更确切地说，公元前1000年撒马尔罕首次有了城邦的概念。

起源及其名称

今天，撒马尔罕东北部的古代阿芙罗西亚普遗址已为世人所知。据考证，这些遗址始建于公元前8世纪，被认为是撒马尔罕的发源地。通过对这座遗址中发现的物品加以科学考证，认定撒马尔罕有近2800年的历史。

阿芙罗西亚普的防御工事由四道环形墙组成，第一道和第四道是根据走廊墙的平面图建造的，用标准的矩形砖砌成。

第一防御环城墙厚7米，高度不少于7米。

阿芙罗西亚普壁画的碎片

阿芙罗西亚普要塞南部最古老的防御墙表明，在阿契美尼德人到来之前，撒马尔罕的第一堵墙，就在这里。

这个城市为什么叫撒马尔罕？对此并没有统一的看法，最有特色的解释出自古代伟大的乌兹别克学者阿布·赖汉·贝鲁尼（973—1048），他被认为是有史以来最伟大的天才之一。据他说，"撒马尔罕"一词是

阿芙罗西亚普壁画的碎片

由"塞米兹"和"肯特"两个词形成的，前者在乌兹别克语中的意思是"大的，宏大的"，第二个词是"城市"的意思。

在这方面，保存在中国古代资料中的关于撒马尔罕的证据不能不引起人们的兴趣。根据这些证据，撒马尔罕市和泽拉夫尚流域其他定居点的形成和发展是由于萨基人的积极参与，萨基人在欧亚丝绸之路沿线和位于黑海沿岸、印度西北部的各个城市进行了大量贸易。

起源于突厥的萨基人称这座城市为"塞米兹"，也就是"宏大"，这在语言和空间大小上都是有根据的；此外，阿芙罗西亚普一词是突厥人 Алп Эр Тонга（额弗拉斯牙卜，又译为阿勒普统阿）名字的伊朗化，额弗拉斯牙卜是古图兰最著名的政治家和军事人物。

面临的第一次考验

公元前6世纪下半叶对撒马尔罕人和所有乌兹别克人来说都是艰难的。我们的祖先与从南方入侵的伊朗阿契美尼德军队进行了激烈的战斗。在此回顾马萨格泰女王托米丽司的英雄主义是必要的。

当年居鲁士二世（公元前559—前530）这位阿契美尼德帝国的创始人打算以和平的方式征服马萨格泰人，他派了一位大使去见寡居的托米丽司女王，向她求婚。求婚被拒后，这位波斯帝王用计俘虏了女王的儿子。当时马萨格泰女王的儿子斯巴加普越过阿姆河，攻破了居鲁士的军营，居鲁士佯装战败逃离了。居鲁士在营地留下了很多美酒，斯巴加普丝毫没有怀疑，消灭了敌军后，就和士兵们在军营里举行了庆功聚会，他们都在烈酒的作用下睡着了。哪知居鲁士突然率军袭击了他们，杀死了马萨格泰的一部分军人，俘虏了包括斯巴加普在内的一部分人。当斯巴加普王子清醒过来后，明白自己已被俘，于是羞愤自杀了。

当托米丽司得知这一消息后，即召集了一支庞大的军队，说："我向太阳发誓，我将用鲜血喂饱你这个贪得无厌的人。"她与敌人作战，打败了号称"无敌"的阿契美尼德人。世界历史上第一个横跨欧亚非的大帝国创始人居鲁士二世也即居鲁士大帝在公元前530年的这场战斗中被杀。托米丽司信守了她的诺言。她吩咐人找到他的尸体，砍掉他的头，放在装满血的袋子里，说："我儿子打败了你，你却用诡诈的手段抓住并杀害了他。我按照我的许诺，用血喂饱你。"

虽然经过了长时间的抵抗，但撒马尔罕仍然被迫屈服于各类敌人。这种情况一直持续到这个世纪末，到下个世纪中叶，其对外族人的依赖才终于结束。

众所周知，撒马尔罕人对另一位来自南方的著名征服者亚历山大大帝（公元前356—前323）进行了激烈的抵抗。亚历山大大帝是通过贾姆村来到撒马尔罕的，贾姆村现在位于撒马尔罕西南45千米处。当亚历山大占领撒马尔罕时，他留下了一支军队，消灭了周围村庄的居民，烧毁了他们的房屋。然而，撒马尔罕人多次起义反对希腊人。在镇压起义时，亚历山大彻底烧毁了这座城市。

虽然经历了如此多的战火，撒马尔罕的人民仍然继续努力生活。

希腊人也希望停止战火，但他们必须将自己的士兵留在这里，他们还需要一个戒备森严的军事工事，故将注意力集中在加强防御工事上，于是修筑了城墙，加固了要塞。

很明显，这个王国是多么脆弱，它是在人民为自由而战的血河上形

历史上，撒马尔罕历经战火，饱经沧桑

成的，是通过掠夺和破坏形成的。公元前323年亚历山大死后，他的亲信之间发生了争夺王位的斗争，萨拉夫卡取得了胜利，很快图兰的大部分地区，包括泽拉夫尚流域，再次受到希腊人的控制。然而，与入侵者的斗争并没有停止。

公元前3世纪末，由于康居人步上该地区的政治舞台，希腊人在撒马尔罕绿洲的统治被中断。传说康居族以卑阗城为中心（今塔什干或奇姆肯特）。在希腊资料中有马萨格泰人作者记录的第一块康居土地，位于西部的塔吉斯肯，也就是现在的哈萨克斯坦共和国境内的克孜勒奥尔达市。在建于公元前9—前8世纪的宏伟陵墓中发现了金和青铜耳环、玛瑙珠、青铜箭头、带有闪亮几何色彩的陶瓷器皿。

供水管道

从太空拍摄的照片显示，泽拉夫尚河里的雨水和洪水滋养的溪流是流向阿芙罗西亚普方向的。自古以来，撒马尔罕人非常重视人工灌溉系

中世纪著名的铅渠

统，连接到城市的达尔贡运河和纳尔佩运河证实了这一点。撒马尔罕有四条水渠供水。这里有一个非常大的池塘，有消息说它在公元前7—前6世纪就已经存在了。最重要的是，早在那个时候，陶瓷管就被用来向山上供水，也就是说，撒马尔罕已经有了一个陶瓷管构成的供水系统。

中世纪著名的铅渠于1—2世纪开始在阿芙罗西亚普建成。导管底部是用铅铺砌的，所以被称为"铅渠"。

达尔贡运河建于5世纪，灌溉撒马尔罕及其周边地区，至今仍令人们惊叹不已，因为建造这样的大型建筑，需要准备工程的人对地质、地理、数学等多个学科有深入的了解。

道路和街区

城市的大部分道路都是沿着大运河修建的，大运河除了连接城市街区外，还直接出城门与城外相连。

乌兹别克人自古以来就聚居在一起共同生活，我们可以从撒马尔罕地区的例子中看到这一点。

乌兹别克人自古以来就聚居共同生活

在自治的基础上运作的街区是最小的行政和领土单位，即使在今天，它在乌兹别克斯坦国家和社会生活中也占有独特的地位。在古代，更自然地分门别类形成各种手工业街区。直到现在，整个乌兹别克斯坦，特别是撒马尔罕市，街区都按锻造、军械、织布、木工和皮革等区错落分布。

周穆王前往图兰和撒马尔罕

人们普遍认为，丝绸之路是在公元前2世纪由西汉帝国派往图兰的使节张骞开辟的，事实上，贸易往来在更早的时候就开始了。几千年前，图兰的本地和进口商品（宝石、珠宝、干药用植物及其果实）被运到中国，而中国的商品，特别是丝绸织物，被运到这个地区，再运到中东和欧洲。

从西方通过图兰到古代中国的商队路线存在的证据之一是公元前989—前988年，统治者周穆王前往可敬的西王母的国家的旅行。

穆王决定西游的真正原因不得而知。但根据中国文献中的解释，穆王非常喜欢打猎。有一次，穆王带着随从北上，一位名叫和宗布尧的官员送给他一块帕米尔带来的玉石。这位官员说，这种玉石是在帕米尔和昆仑山区开采的，有一条通往这些地方的道路。闻此，穆王下决心向西前往玉石矿产地。但在穿越通往帕米尔的过程中，他想探望著名的统治者女皇西王母。

穆王的西行路线包括鄂尔多斯、河西走廊东段、库库努尔湖、和田、帕米尔、撒马尔罕、马什哈德和里海南部海岸等，最终目的地是位于里海西南岸附近的西王母统治者的国家。

公元前989年9月27日，穆王来到西王母的住处，第二天，穆王拜访了西王母，并赠送了100件珍贵的布料和其他物品。29日穆王接受了女皇的回访。

公元前988年3月6日，穆王向东穿越里海的西部和北部海岸。随后，经过咸海北部海岸、锡尔河上游和伊塞克湖以南地区。经阿克苏湖、罗布泊湖、库库努尔湖、兰州返回宗周（今陕西省西安市西南）。

在两年的时间里，这位周朝统治者和他的随行人员总共走了35000里（约12000—13000千米）的路。旅程的起点和终点都是位于长安以西的宗周。

周穆王统治时期为公元前1001—前947年（另有一说为公元前977—前922年），在位55年。据历史记载，他既是一位明智的政治家，也是那个时代孜孜不倦的旅行家。

据《穆天子传》记载，穆王在许多地方都受到了热情接待。与各地首领会见期间均相互交换礼物。公元前989年6月中旬，穆王越过帕米尔，在7月10日抵达撒马尔罕。他兴致盎然地参观了那里很多地方。与随行人员一起休息了两天之后，穆王参加了一个招待会，其间当地统治者乌弗向他赠送了500匹经过驯养的马和300匹野马、300头家畜和200头野牛、70只纯种狗、2000头奶牛、300辆大车的大麦和小麦等。作为回报，穆王向乌弗赠送了47条黄金条、50条珍贵腰带和3条项链。

从费尔干纳回到中国的学者们记载，他们从撒马尔罕带回了鼩鼱和狗，从图兰南部的奥古斯人那里运回了健壮的马。

可见，乌中关系有着深厚的根基。在乌中关系不断加强和发展的过程中，撒马尔罕都具有特殊的地位。

The
Biography
of
Samarkand

撒马尔罕 传

中世纪的撒马尔罕

第二章

贵霜帝国（1世纪至5世纪上半叶）在乌兹别克建国史上占有特殊地位。它是公元前2世纪进入图兰政治舞台并将希腊人赶出该地区的乌古斯王朝之一，在基督教时代之前，它的统治疆域从今天中亚的乌兹别克斯坦、阿富汗这些地方，向南覆盖了今天的巴基斯坦和印度西北部的恒河流域。

贵霜人启动了乌兹别克国史中的贵霜王朝时期，撒马尔罕在该阶段也拥有自己的一席之地。

当年，撒马尔罕人以善于经商而举世闻名。如果说乌兹别克斯坦是连接东西方丝绸之路上的桥梁，掌控着这一历史时期政治、经济和文化的方向，那么撒马尔罕就是其主要中心之一。

在这方面，历史资料中有一个名叫梅万查的青年女子的信息值得注意。她在313—317年间写了一封从中国敦煌寄往撒马尔罕的家信。在信中我们看到，撒马尔罕的纳奈达特与妻子梅万查和女儿申娜因从事贸易而搬到了中国的敦煌，他们向图兰贩运食品。作为一名图兰人，他和家人住在中国的一个城市，这绝非偶然。一方面，他的生意做得很好。另一方面，正如信中所说，在中国已经有了撒马尔罕商人聚居的街区（住处）。

据中国编年史记载，撒马尔罕商人除了在甘肃外，还分别在吐鲁番、库车、喀什与和田建立了商业据点。

在中国的洛阳市还有撒马尔罕人的墓地，碑文上的康莫家和康大农的名字中的"康"字表明死者是来自撒马尔罕的。

为争夺古丝绸之路控制权进行的争斗持续到了后期的几个乌兹别克王朝，嚈哒人（5世纪至6世纪上半叶）和阿史那人（6世纪下半叶至7世纪上半叶）的统治时期。

当时，丝绸、漆器、颜料、彩色玻璃、宝石、药材、布料、糖果和武器等独特商品在国际贸易中交易金额巨大。在这种情况下，中东实力最强的乌兹别克和波斯国家很自然地强烈希望在东西方贸易关系中占据主导地位。

嚈哒人强迫萨珊王朝的统治者向其纳贡，并于499年帮助拥护他们的喀瓦德一世重掌萨珊王朝王位。这无疑给乌兹别克在国际丝绸贸易体系中创造了有利条件，为其提供了掌控与中国和拜占庭之间开展贸易的机会。

丝绸之路的两条主要支线——东欧至阿尔泰山脉和远东的"北线"以及从地中海经阿姆河至中国的"南线"——大多是在西突厥汗国的统治下，从而保证了商队路线的安全。由于汗国的行宫之一位于塔什干绿洲，因此丝绸之路的北部线路受到了特别关注。

撒马尔罕硬币上的铭文"图兰国王"无疑证明了这座古城和整个绿洲的重要性。

在这里，我们注意到中国的历史记载中提供的宝贵信息：撒马尔罕的寺庙里保存着一套法律文件。在判决的过程中，他们遵循这套法规，并根据这套规则进行判决。

古突厥文字也证实了突厥法典的存在。例如，这套法律规定了以下惩罚：如果犯下最严重的罪行，罪犯将与其部族一起被处死。这种惩罚

7世纪时的撒马尔罕城

适用于叛乱分子和叛徒。死刑还适用于杀人犯、与他人妻子通奸和非法占有别人遗失的马匹等。如果受到伤害,受害人将得到物品或财产支付的赔偿。

可以看出,规则的制定是与日常生活息息相关的。例如,如果罪犯伤害了某人的眼睛,罪犯必须将自己的女儿赔偿给受害者,如果他没有女儿,那么他必须将妻子的财产赔偿给受害者。

因此,以法律为基础的社会和国家管理的传统在当时得到了延续。

撒马尔罕历史的另一个重要主题是妇女在社会中的地位。7世纪末8世纪初的硬币上有两个突厥人的肖像,"国王"和"王后"。当然,这一罕见事件清楚地表明了乌兹别克斯坦国家对妇女的态度及其对社会生活的影响。

7世纪中叶,阿拉伯人从南方入侵图兰。他们第一次入侵撒马尔罕可以追溯到675年—677年。

塔尔汗(700—710)是撒马尔罕与入侵者作战的康国统治者之一。尽管这座城市在711年至712年被阿拉伯人占领,但反对他们的起义从未停止。撒马尔罕人积极参加了穆卡纳起义(穆卡纳是蒙面者的意思,起义首领是哈希姆·布·哈基木），起义持续了七年多（776—783）。

宗教、艺术和文字

在阿拉伯人之前，图兰人信奉拜火教（即琐罗亚斯德教，中国称祆教）、佛教、摩尼教（又作牟尼教，发源于古代波斯萨珊王朝，为公元3世纪中叶波斯人摩尼所创立，受基督教与祆教教义所影响，是一种带有诺斯底主义色彩的二元论宗教。主要教义为"二宗三际论"，崇尚光明，中国史称明教、二尊教等）和基督教聂斯托利派（中国称景教，从希腊正教即东正教分裂出来的基督教教派，一元论。与摩尼教、祆教共同形成波斯当时的三大宗教，流行中亚）。佛教从贵霜时代就已传入中国，而摩尼教义也正是撒马尔罕人向中国人介绍的。例如，584年在中国东部修建了第一座摩尼寺。694年，此教传到当时中国的京师长安。

阿布·赖汉·贝鲁尼证实："摩尼死后，传播他的观点的人遍布不同的地区。在伊斯兰教统治的城市中，摩尼的支持者称自己为'萨比亚米'，他们只在撒马尔罕建立了自己的社区。在非穆斯林国家中，一元论主要存在于中国西藏和印度部分地区。"

412年至720年，基督教在撒马尔罕、布哈拉和塔什干传播，建立了主教和大都会等宗教机构。其中一个在撒马尔罕南部的瓦兹克德村活动，直到10世纪。村庄东北部岩石上发现的叙利亚铭文和十字架图像，以及在沟壑中发现的骨齿上的十字架图像，显示了琐罗亚斯德教和基督教综合的元素。这个图像被发现于撒马尔罕地区东南部科什特普的金字塔群中，描绘了两个男人在洗礼仪式上坐着和站着，手里拿着一个十字

阿芙罗西亚普遗址墙上的壁画

架。考古研究还发现了琐罗亚斯德教徒点燃火焰的坑洞，表明各个宗教团体都曾在这里朝拜。尤其是建造了许多地下寺庙。

视觉艺术

在阿拉伯入侵之前，图兰在建筑、绘画、雕塑、石刻、木雕、书法、音乐和其他艺术方面都取得了巨大的成就。特别是对阿芙罗西亚普、瓦拉赫希、彭吉肯特等遗址的发现和研究证实了上述观点。

在阿芙罗西亚普遗址中，有一堵墙的南墙上，有两个男人站着的壁画。其中一个穿着红色斗篷，正转身离去。第二个穿着白色斗篷，在斗篷的开口处有粟特铭文。该铭文几乎被完全保存下来。这份由私人秘书撰写的独特授权书由16行垂直文字组成。

壁画上不仅描绘了察加尼安的使者，还描绘了来自中国、乔奇和朝鲜等国的使者。

此外，西墙上还描绘了由撒马尔罕统治者的仆人和翻译接待的另外

23

两组使者。由于这些图片没有被完整地保存下来，因此无法确定他们代表的是哪些国家。但很清楚的是，从西墙碎片上描绘的，可以清楚地看到使者们在国际关系中的独特外交风貌，而在北墙上，可以清楚地看到联盟关系的表述。

这幅描绘使者的壁画的中央部分是，骑着白马的国王在游行仪式的中心，前面的王后坐在一头大象上。宫廷里有画家、秘书（他们腰间挂着装有绘画用具的小盒子）、科学家、作家。他们坐在地毯上热情地交谈，其中一个人手里还拿着一本书。在会见使者的图片中，一个重要的场景是地毯和挂在四周的挂毯，这被视为东方好客传统的独特表现。

壁画上有突厥面孔的身着军装的瓦胡曼宫的仆人，这也是接待使臣的重要仪式。

壁画中另一个值得注意的方面是使臣们的发型，从他们的发型可以看出他们代表的是哪个民族或国家。

编织头发或把头发披在肩膀上是古代突厥人的一种习俗，这一点在图兰不同地区发现的古伊斯兰石像，在撒马尔罕、塔什干和费尔干纳统治者铸造的钱币上，在彭吉肯特、塔夫卡卡拉宫殿的壁画上以及中国东北部发现的哈加纳官员的墓碑中都有体现。

每一位使臣向东道主赠送礼物是使臣交往关系中的一个重要传统，这一点在阿芙罗西亚普的绘画中也可以看到。壁画上描绘了使臣们给撒马尔罕统治者带来礼物，包括美丽的鸟类和珠宝。

查干的使臣们来到皇宫，赠送礼物和"国书"。使团的成员均由撒马尔罕统治者宫廷人员陪同。

在壁画中可以看到与鸵鸟腿长度相同的鹅的图像。查干国王给了瓦胡曼主人赛马和鹅。从使臣交往中可以得知，礼物清单是随着写给国王的信寄来的。阿芙罗西亚普的壁画也描绘了这份礼物清单。

彭吉肯特的壁画充分展示了撒马尔罕绿洲的美术发展水平。在彭吉肯特的壁画中，艺术家们除了描绘宗教和神话场景外，还描绘了日常生活的场景。彭古肯特的壁画还表现了图兰体育运动会和比赛的情形。例如，壁画描绘了两名摔跤手的摔跤情况，他们相互抓住对方的腰带，都试图战胜对方。

在彭吉肯特的壁画中我们可以看到有关玩各种骰子游戏的信息。壁画描绘了一群人，其中两人正在玩耍。他们用的木板两边有两种不同的颜色。木板的两边都划分为五个水平部分。所有的游戏筹码都是相同的蓝色。游戏还没有开始，你可以从一个玩家刚刚开始掷骰子的事实中得知：毫无疑问，这个游戏是一种古老的十五子游戏。

写作

自公元前8世纪末以来，亚拉姆（又译阿拉米）文字就成为国际通信手段，广泛地使用加强了该文字在波斯阿契美尼德帝国的地位，当时的通信和行政事务都是用这种文字。鉴于此，在公元前4—前3世纪图兰以此为契机，在亚拉姆字母的基础上形成了粟特字母。

粟特文字中的各种信息被广泛应用于硬币表面、陶瓷材料、树皮、皮革和纸张上。

这种文字既可以在书信来往方面使用，还在天文学、道德哲学专著、经济和法律条文及外交文件中广泛运用。

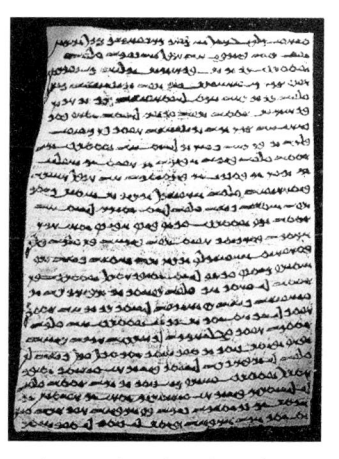

大多数粟特文手稿都是在丝绸之路沿线发现的

此外，有主要用于基督教宗教社区的叙利亚文字，以亚拉姆字母为基础，还产生了摩尼文字。

粟特文字和叙利亚文字从右向左书写。

在古代，当书写是一种罕见的现象时，人们自然倾向于使用现有的字母表而不是发明新的字母表。因此，粟特文字的运用非常重要。众所周知，突厥可汗在国家事务中广泛使用粟特文字。在阿拉伯人入侵之后，这种语言和文字就开始被遗忘了。

今天保存下来的粟特铭文在其主题上分为宗教和非宗教内容。大多数粟特文手稿都是在丝绸之路沿线发现的，现代中国的吐鲁番绿洲和敦煌地区的千佛洞，有大量粟特文字的文物被发现。

几乎所有这些文字古迹都有宗教内容，其中佛教的文字是从中文翻译过来的，伊斯兰教的文字是从中世纪的波斯语和伊朗阿什卡尼王朝时期的巴列维语翻译过来的，基督教的文件是从叙利亚文翻译成粟特文字的。

走向政治、社会和经济复苏

游牧阿拉伯人通过武力征服了旧图兰，他们非常重视伊斯兰教和阿拉伯文字在该地区的传播。阿布·赖汉·贝鲁尼的证词当然可以作为许多事件的参考：屈底波（库泰巴，中国史称屈底波）杀死了那些熟悉花剌子模的文字、研究他们的信息和传说且能够教授他人知识的人，并完全摧毁了花剌子模的文字，因此，在伊斯兰时代之后，这些信息和传说的真相已完全无法确认。

上述观点认为，在图兰，粟特文字是在阿拉伯人统治的时期消失的。这就是为什么现代历史学家很难发现比阿拉伯人早一千多年的那段历史的文字资料。

经过了对火、佛陀、十字架等古老宗教信仰的崇拜，伊斯兰教的价值在于它将一个地区团结在了一个宗教信仰的周围。

乌兹别克人民有着悠久的信仰、传统和习俗、农业、手工业、城市建设、科学、文学和艺术中的实用文化，不能继续屈服于阿拉伯哈里发的统治，不能继续服从于一个主要在7世纪和8世纪通过征服外国土地而形成的阿拉伯哈里发。

努赫（819—842在任）在9世纪第一季度被任命为撒马尔罕地区的总督，是费尔干纳的萨曼后裔。他死后，撒马尔罕由他的兄弟艾哈迈德和叶海亚统治。864年，努赫的孙子（一说侄子）纳斯鲁（864—892在任）接管了政权。正是在他的领导下，撒马尔罕成为乌兹别克国家的政治中心。他的兄弟伊斯梅尔（892—907在任）在900年接管了王朝并终止了对阿拉伯哈里发的依赖。

尽管伊斯梅尔·萨马尼将首都迁往布哈拉，撒马尔罕仍然是图兰的主要经济和文化中心。一些图兰统治者夏天在撒马尔罕度过。此外，撒马尔罕还铸造了以伊斯梅尔名义发行的硬币。

伊斯梅尔摆脱了对阿拉伯人的政治依赖，开始实行完全独立的政策，坚持乌兹别克斯坦建国1600多年以来积累的经验和传统。他成功地统一了费尔干纳、伊斯菲贾布（赛拉姆）、塔什干、撒马尔罕、布哈拉、花剌子模、查甘扬、胡塔隆、凯什、呼罗珊、塞斯坦和加兹尼等绿洲。

萨曼王朝的纳斯尔二世（914—943）统治时期，不止在乌兹别克斯坦，而且在当时的整个世界也被认为是最先进的阶段。我们可以在皇室制度中清楚地看到这一点。

在布哈拉列吉斯坦广场上建造了一座大宫殿和十栋行政大楼，它们是国家行政的总部。因此，采用了被认为是当时最先进的中央管理系统。这一制度的基础是最高统治者的办公机构和地方局的结合，管理是两级的。

最高统治者的头衔是埃米尔。他的决定由霍里斯埃米尔执行。首席哈吉布及其工作人员负责国家和其他一些重要国家机构的安全。官邸的经济事务由代表负责。此外，官邸里还有一些人担任侍者、门卫和酒保等。

政府部门的管理架构如下：

1. 首席部长办公室。该机构负责管理所有行政执行权力机构和其他9个德瓦尼（局）。

2. 财政局（收支）。该机构负责公共财政的收入和支出。

3. 政府正式文件起草司。该机构主要负责起草和执行具有国家意义的重要文件和外交活动。

4. 安全警卫部。该机构负责特别挑选的军事单位（特种部队），并管理他们的训练、纪律、一般饮食、经济保障和工资问题，例如，工资在一年中每隔三到四个月发一次。

5. 新闻事务部。该机构负责与官邸、政府和地方当局有关的新闻工作，包括将在首都、州和市通过的重要决定、文件和其他官方指示送达各地并从各地接收信息。

6. 宫殿管理部。该机构负责监督住所的维护费用。

7. 国家财产司负责管理、控制和清点属于统治王朝的财产。

8. 莫赫塔西普部（伊斯兰教法监督人）。该部工作人员的主要工作是监督城市和村庄、街道和市场的秩序，确保宗教仪式不过度操办，在商贸交易中不欺诈客商，检查产品是否按规定的要求储存，价格是否合理。

9. 宗教基金（遗嘱及其他事项）司。该机构是一个处理财产、土地和水事务的机构，负责以各种方式将遗赠的财物分配给各宗教机构。

10. 司法事务部。该部负责监督法庭的工作。

这些部门还设有外地办事处。除了中央的部门外，他们还从属于地方统治机构，并与地方行政机构合作。唯一的例外是新闻事务部，它的外地办事处只对中央负责。因为，他们负责暗中监督地方长官和官员。

999年，乌兹别克政权移交给新的喀喇汗王朝。他们认为自己是上面提到的阿尔普·埃尔汤加·阿芙罗西亚普的后代。1040年，由于控制了阿姆河下游至喀什噶尔广大地区的喀喇汗人内部争权，喀喇汗王朝正式分裂为以锡尔河为界的东西两部。

易卜拉欣·塔姆加昌（1040—1068），西喀喇汗王朝的首领，选择撒马尔罕为首都。他的统治时期作为一个和平与繁荣的历史阶段被载入史册。

11世纪的图兰在政治方面有一个明显的特点：政治派别林立，各个势力旗鼓相当。除了苏蒙尼人和喀喇汗人之外，还有加兹尼人和塞尔柱人。

塞尔柱酋长马利克沙（1074—1092）来自锡尔达里亚中游，1089年打败了喀喇汗王朝，在乌兹别克建国史上开创了塞尔柱时代。然而，有一段时间，塞尔柱人和喀喇汗人密切地合作过。例如，1141年塞尔柱人和喀喇汗人在撒马尔罕东北30—35千米的卡特万沙漠联合起来，对抗喀喇契丹人（葛逻禄人与西辽人的联军）。但在战斗中，他们被打败了。

成吉思汗入侵前夕，图兰最突出的政治力量是阿努什特金王朝，其起源与乌兹别克斯坦最古老的绿洲之一——花剌子模有关。正是这个政治家族的首领穆罕默德·苏尔丹（阿拉乌丁·摩诃末）（1200—1221）在1210年击败喀喇契丹人，解放了撒马尔罕。

10世纪，撒马尔罕的堡垒城墙由木头和黏土砌成

然而，对撒马尔罕造成巨大破坏的因素当然是成吉思汗的入侵。1220年3月17日，蒙古人占领并摧毁了这座城市。据当时蒙古驻撒马尔罕的使臣常春和耶律楚材说，在1221—1222年的蒙古人入侵中，撒马尔罕40万人口中只有5万人幸存下来。

总之，蒙古人统治乌兹别克150年，乌兹别克国家和人民付出了巨大的代价。经济、科学和文化都受到了巨大的冲击。我们的祖先发动了几次反抗敌人的起义，其中最著名的是1365年由科学家马夫隆扎德、米尔扎·胡达克·布哈里和工匠阿布·巴克尔·卡拉维领导的撒马尔罕萨尔巴达尔起义。术语 сарбадор（сар- 头部，дор- 绞刑架）的意思是"我们准备被绞死"。起义军愿意为国家和自由牺牲生命。

由于这种信念和勇气，他们打败了蒙古人的军队，阻止了他们再次夺取和摧毁这座城市的企图。从1365年到1366年春天，撒马尔罕人成立自己的自治体系。正因为如此，现代学者将撒马尔罕历史的这一页称为"萨巴达尔共和国"。

经济生活

阿拉伯人和蒙古人的入侵，相隔了五百年。因为他们都是游牧民族，这些入侵的后果是令人难以想象的。然而，尽管时间很短，我们已经从苏蒙尼人、喀喇汗人、塞尔柱人和花剌子模人在图兰的政治活动中，看到了恢复图兰的力量。虽然中世纪王朝更迭带来了动荡，但发展社会经济的所有条件都是充分具备的，我们可以从撒马尔罕的例子中得到证实。

9世纪，在蒙古人入侵之前，撒马尔罕专门的陶器区被修复。10世纪，撒马尔罕织物在东方广为人知。特别是市郊的瓦多尔村生产的织物非常有名。该城市还有几个玻璃制造中心。

撒马尔罕纸是该地区最好的纸之一。当时，撒马尔罕纸被称为埃及莎草纸。早在9世纪，撒马尔罕就有纸交易市场。

撒马尔罕面包世界闻名。有一个趣闻传说，说一个撒马尔罕面包大师被邀请到另一个城市，可大师做出的面包很甜，和真正的撒马尔罕面包相比，好像缺少一些东西。这是怎么回事？大师要求用撒马尔罕面粉。然而使用撒马尔罕的面粉，总出不来效果。然后大师要求带撒马尔罕水来。水来了，用了也不行。大师就说：我需要用撒马尔罕的空气！

据各种历史资料记载撒马尔罕是世界各地商人的避难所。这个城市的市场上充斥着各种各样的语言和身着五颜六色服装的人群。撒马尔罕是连接东西方的著名丝绸之路上的一个重镇。在这里可以找到中国丝绸和瓷器，以及拜占庭和埃及的产品。但撒马尔罕不仅以从其他国家进口的商品在此聚散而闻名，这里还有手艺精湛的工匠和手工制作人员，他们制作了许多美丽而独特的产品。10世纪的地理学家麦克迪西描绘了各种丝绸和织物、银锦缎、铜盆、精致的杯子、帐篷、两侧打开的楼梯和撒马尔罕生产的马具。

社会生活

在9—10世纪，撒马尔罕和整个图兰一样，伊斯兰哈纳菲学派的追随者占主导地位。据其创始人阿布·哈尼法的说法，人们认为，在传播伊斯兰教时没有必要使用武力，也不必完全否定穆斯林居民的传统。这种宽容明智的做法为崇拜火、佛陀和基督的图兰人创造了一个有利于一神崇拜的条件。

现在，萨曼王朝时期的豪华建筑开始消失。手工业制作者搬到了城市富有的居民区繁衍生息。这座城市逐渐变成了手工艺品生产的中心，市民的社会结构也日复一日逐渐地发生了变化。

在11世纪和12世纪，来自穆斯林世界其他地区和城市的移民在撒马尔罕城市人口的形成中发挥了重要作用，包括巴格达、尼沙普尔、马尔夫、纳萨夫、巴尔赫、霍金特、凯什、科坎、花剌子模、乔奇、佐明、科松和法罗。此外，来自布哈拉、泰尔梅兹、塔罗斯、塞拉赫、库沙尼亚、沃布肯特、伊什蒂汗、哈马丹、巴士拉、乌斯特鲁尚和伊斯法罕的学者也在该市生活和教学。撒马尔罕总督阿布哈桑·法伊克·伊本·阿卜杜拉·霍萨是西班牙安达卢西亚穆斯林的后裔。撒马尔罕人自己有机会生活在伊斯兰世界的不同角落，如波斯、库法、麦加和其他城市。

城市结构

<u>堡垒</u>

在9世纪下半叶和10世纪上半叶，包括撒马尔罕人在内的图兰人

经历了一个经济和文化的增长时期。

在此期间,撒马尔罕的建筑业蓬勃发展。街道被扩建和重建,城市被划分为几个街区。在这些街区里修建了游泳池、清真寺和公共浴室。

撒马尔罕的历史风貌受到泽拉夫尚山谷地形和气候的影响。为了朝阳和顺风,在大多数情况下,城市街道由东向西,由东南向西北。因此,城市空气在一年中的任何时候都会更新。公共建筑和住宅的门窗都用彩色玻璃装饰。

阿拉伯旅行家和地理学家伊本·哈夫卡尔在10世纪访问了这座城市,他写道:"我登上堡垒,看到了奇妙的景象,即郁郁葱葱的绿树、壮丽的宫殿、流淌的运河如源远流长的文化长河熠熠生辉,目不暇接。这里充满生机,令人流连忘返。"

经过装饰的城市楼群将广场分隔开。广场上有用木头做成的马、牛、骆驼和羚羊等动物,造型奇特,摆放的方式也令人印象深刻,这些动物似乎在互相窥视,又似乎正在准备争斗或竞争。

撒马尔罕由堡垒、城市防御工事和客栈组成。在10世纪,这座城市的堡垒的城墙是由木头和黏土砌成的。墙面被涂得很好。

11世纪,这座城市的地形发生了重大变化。在西侧可以看到大片的街区。

城防周围有坚固的城墙和四个城门。墙高11.25米,宽4.55米,长6.75千米。城墙上有360座塔楼。

撒马尔罕外墙的周长约为60千米,后来被称为奇迹墙、老妇人墙和横墙。它有8个门。

变迁

撒马尔罕工匠占据了大片区域。起初,这里只是由城墙拱卫的城市，后来逐渐成为生产和贸易中心，出现了大量作坊和商店。

客栈

撒马尔罕的客栈很多，占据了大片地区。起初，它们只是城墙外的一些小镇，后来则成为生产和贸易中心。

该市的主要商业和经济中心位于南部。这里分布了很多摊位，形成了一个大市场，被称为撒马尔罕栗特市场。在它的中心是一个四角圆顶的商业建筑。市场由两部分组成，分别位于大清真寺的北部和南部。

城市供水

9世纪到13世纪，撒马尔罕不断地改善城市灌溉系统。为了修建堤坝和在河岸上修建防护墙等工程，当时的人们堵塞了运河河床。流经市区的主干运河有五条，它们分别是措卡尔基查、马兹达辛、伊斯坎达尔贡、阿桑金和桑格拉松。

小型的沟渠网从穿过城市的主干运河中流出，正是通过这些封闭的沟渠向城市供水。为此，使用了制作精良的陶瓷管。位于哈兹拉特·希兹尔清真寺前的供水分送系统，分送的水源自南部。

有一条流经乔卡尔基扎区的运河是供水的渠道。由于河床是用铅铺垫的，所以被称为铅渠。

撒马尔罕的琐罗亚斯德教徒维护了铅渠通道的清洁和完整。众所周知，琐罗亚斯德教有非常发达的卫生和环卫条件。在这一时期，撒马尔罕还有一个琐罗亚斯德教徒们聚居的街区。在中世纪，撒马尔罕的所有农场和工场都能用上水。水通过蓄力水车（向上提水的装置）被输送到城市的丘陵地区。除了自来水，居民们还从井里取水。

在这一时期，撒马尔罕人经营了许多浴场和专为商人服务的客栈。

在阿芙罗西亚普的南部，靠近哈兹拉特·希兹尔清真寺，在葛耶茨基大门后面建立了一个贸易自由区（拉巴特）。这里有很多手工作坊和市场。在 10 世纪，拉巴特南部地区，包括列吉斯坦，人口稠密。拉巴特的主要街道被称为达拉尔普，这个词也有大门的意思。

在城市防御工事的西部，在一个叫阿斯菲卓尔的地方，有萨曼尼人建造的宫殿建筑，宫殿本身用镶板和壁画装饰，这些壁画是用甘奇水泥雕塑的。

宗教教育中心

在伊斯兰教中，清真寺被视为祈祷场所。到了 8 世纪末，清真寺开始有自己独特的面貌，这时出现了尖塔和米哈拉布（指向麦加的壁龛）。后来为伊玛目建造了一个讲台和一个观礼台。除了大教堂的朱马（星期五）清真寺外，住宅清真寺、商队清真寺和后来的宗教学校也在普通街区、宫殿和富人住宅区中被建造。

清真寺在穆斯林社区的生活中占有特殊的地位，它不仅是一个祈祷场所，而且被认为是一个履行各种职能的公共建筑。

10 世纪初，大教堂或星期五清真寺（朱马清真寺）开始出现。除了星期五的祈祷外，还举行胡特巴（布道），聚集了城市及周围地区所有的穆斯林。

伊斯兰教最初拒绝崇拜任何物体（麦加的"黑石"除外），认为这是异教的主要标志之一。然而，从 9 世纪末开始，人们开始在穆斯林的倡导者和著名穆斯林学者的坟墓上修建陵墓和清真寺。此外，还出现了一些作为朝圣对象的墓葬。这通常被认为是围绕穆斯林圣徒墓形成的陵墓。自 10 世纪末以来，对圣徒陵墓的崇拜开始广泛传播，苏菲派及其受人尊敬的长老宴会在其中发挥了重要作用。

值得注意的是，11 世纪到 12 世纪，在撒马尔罕至少建立了三个宗教教育中心。第一个位于城市的北部，其中心有一座大清真寺。清真寺旁边有一座陵墓，埋葬着喀喇汗王朝的代表。第二个在城市的南部，是先知穆罕默德的堂弟库萨姆·伊本·阿巴斯的陵墓，自11世纪以来，城市的世俗和宗教精英就开始围绕他下葬。第三个中心是乔卡迪兹公墓，位于库萨姆·伊本·阿巴斯陵墓以南，那里埋葬着著名的伊斯兰宗教代表。

可以肯定的是，到13世纪初，撒马尔罕北部有一个宗教教育和贸易经济中心，它由清真寺、陵墓、墓地、集市广场和工匠商店组成。如果将撒马尔罕与其他穆斯林城市进行比较，其特点是大教堂周围有一个由公共浴室、神学院和陵墓组成的建筑群。例如，我们可以在大马士革的后期建筑中看到这样的建筑项目。1220年3月，成吉思汗的军队进攻撒马尔罕时，该城的守军在大教堂清真寺和防御工事中抵抗失败，英勇阵亡。

陵墓和圣地

11世纪到12世纪，在伊斯兰教中出现了新的神秘潮流，这就是苏菲主义和与其相关的拜谒"圣人"墓地的传统。从这一时期开始，出现了大量加齐——"真正宗教斗士"、神学家、科学家和世俗统治者的陵墓，这些陵墓有的现在还在，有的已消失不见。

在中世纪，人们认为"谁死在撒马尔罕，就被认为死在七重天，在审判日，他将与天使一起进入天堂"。10世纪，在撒马尔罕的乔卡迪兹遗址（意思是"战士的防御工事"）建立了一个新的墓地，埋葬了著名神学家阿布·曼苏尔·莫图里迪（870—944）。后来，数百名伟大的学者、赛义德（我们先知的后代）、长老、伊玛目和加齐被埋葬在这里，他们来自图兰的不同地区：纳萨夫、奥兹甘、肖沙、伊斯菲贾布（今塞勒姆）等人。这里建有一座清真寺和其他建筑纪念碑。乔卡迪兹公墓还埋葬了伟大的伊斯兰学者、神学苏丹布尔霍尼丁·马吉纳尼。这里还埋葬着数千名在卡塔万战争中牺牲的穆斯林战士。

9世纪和10世纪之交，扎维亚（中国宗教学者译为修道所或修道院）开始出现在呼罗珊和莫瓦龙纳赫，扎维亚是苏菲派生活和祈祷的场所。撒马尔罕的第一批扎维亚可以追溯到11世纪，其中一些是建在清真寺前的。

10世纪和11世纪之交，在城市南部的库萨姆·伊本·阿巴斯建筑群中建造了一座清真寺，这是现代建筑群中第一座宗教纪念建筑。这里有巴努·纳希亚，被认为是第一个穆斯林墓地。这座陵墓埋葬了几位神学家和圣训学家，如阿布陶巴·赛义德·伊本·哈希姆·伊本·哈姆扎·阿特基·科加齐·撒马尔坎迪（卒于874年）。

11—12世纪，喀喇汗王朝在撒马尔罕建造了许多陵墓。1066年，喀喇汗王朝的易卜拉欣·博里特金下令在库萨姆·伊本·阿巴斯陵墓附近修建了一座宗教学校，其遗迹在建筑群附近的考古发掘中被发现。这个圣地的重要性在于，即使在蒙古人入侵期间，建筑群中的建筑也没有受到严重破坏。相反，几乎所有阿芙罗西亚普的建筑都被夷为平地。

卡拉卡尼·伊布拉金·特姆加什汗神学院位于库萨姆·伊本·阿巴斯建筑群附近。靠近宗教学校的是图尔科娜·霍顿广场和一所被认为是学生基金会的房子，靠近艾哈迈德·穆卡萨和阿布·卡西姆·奥特的房子，附近有洛钦贝克的坟墓，哈夫利·海尔塔什的房子，埃米尔·尼扎姆·多武尔的房子和图尔科娜·霍顿的房子。图尔科娜·霍顿是易卜拉欣·坦加奇汗的女儿，嫁给了塞尔柱基德·马利克沙赫。

根据1066年6月中旬的一份财产转让文件，易卜拉欣·坦加奇汗在撒马尔罕建立了一家特别医院。这家医院可以接收需要医治的穷人。

与其他穆斯林国家一样，撒马尔罕的清真寺附近有一个大市场和集市广场。众所周知，伊朗所有城市里的集市和清真寺附近，都有一个公共广场，人们在那里举行各种政治、宗教和社会文化活动。例如，诺鲁兹和其他宗教节日就常在那里庆祝。

街区和街道

城市划分的街区被称为马哈里，是穆斯林城市的特征之一。"马哈里"的意思是"地方"。在10—15世纪，撒马尔罕的街区名称使用了两个术语："马哈里"和"科"。在大马士革，担任街区负责人的谢赫（原指家族部落酋长或伊斯兰长老）是由该市负责人任命的。而在9世纪和10世纪，有关撒马尔罕街区管理的记载几乎没有。在一些穆斯林城市，街区四周有围墙，有进出的大门。因此，撒马尔罕是否有这样的街区还有待考证。

居民区是根据居民的主要职业以及居民所属的城市或村庄的名称来命名的。例如，在9世纪和10世纪的巴格达，每一个种族和宗教群体都住在自己的街区。从撒马尔罕市街区的各种名称可以看出，这个城市是一个多民族聚居的城市。只有某些行业的工匠才有自己的专属街区。

据记载，10世纪至12世纪撒马尔罕就已经有以下街区的名称了：鲍勃道斯通、鲍勃期契斯、鲍勃楠安德、班金、瓦尔桑南、古扎瓦兹、乔卡尔迪扎、扎格利梅、契波普、康万、西加拉巴丁或奎纳马茨噶龙、莫图里德、纳哈尔卡萨林、拉斯坎塔拉葛特发、桑卡迪扎、乌须塔迪扎、发基达斯和发尔扎米桑。在史料中，街区马哈拉也被称为古尔茨敏或古尔祖敏。

这座城市的客栈也有自己的名字，例如：拉伯迪纳芙凯敏、拉巴德乌尔姆拉巴、纳斯里本扎比尔拉巴特等。

乔卡迪兹、戈特法尔和莫图里德是撒马尔罕地区的一部分，10—12世纪以来一直保留着这个名字。值得注意的是，每个地区都有自己的特点，例如，戈特法尔地区以其柏树幼苗而闻名。

公共浴室

撒马尔罕的公共浴室一直延续至今。早在10—11世纪，撒马尔罕就已经有了男女分开的公共浴室。公共浴室里有更衣室、梳洗间和休息室。公共浴室的墙壁被漆成蓝色、红色和黄色。有趣的是，公共浴室里还有化妆室。总共有五个公共浴室遗址被发现，它们分布在撒马尔罕城北侧、西北部、西部、东部和市中心，都坐落在该城市的各防御要塞旁。

对外政策

撒马尔罕是乌兹别克斯坦喀喇汗王朝时期的首都，这一时期对外政策中一个引人注目但鲜为人知的事件是对中国宋朝（960—1279）的军事援助。例如，郑和（穆斯林名字马哈茂德，郑和是明朝人）的家谱记载说，11世纪初，当邻近的辽国和西夏国对抗宋朝时，布哈拉统治者应宋神宗之请派遣了一支庞大的军队和200名贵族到中国，由纳杰尼丁·苏菲（997—1093）带着他的兄弟艾萨和三个儿子率领一支7000人的军队和200名指挥官，以及7000匹马和骆驼前往支援。据史料记载，这支部队抵达中国的时间可以追溯到1070年。因此，他从布哈拉出发的时间不可能晚于1069年，当时，从布哈拉到中国边境的道路至少需

纳杰尼丁·苏菲　　　　　郑和

要半年的时间。当时布哈拉由卡拉哈尼德·纳赛尔·伊本·易卜拉欣（1068—1080）统治。

在打败敌人建立和平后，宋朝统治者挽留纳杰尼丁·苏菲在中国。艾萨率领的军队被送回布哈拉。此后，纳杰尼丁·苏菲一直生活在中国直到去世，享年97岁。关于这一点，《郑和家史资料》（《郑和家事自述》）一书记录如下：

> 西域布哈拉大汗的军队强大，可汗本人体贴，慷慨无与伦比……辽夏派军队攻打宋朝，于是，宋朝派使者向布哈拉可汗求助。1070年，在宋神宗统治的第三年，纳杰尼丁·苏菲带着他的兄弟艾萨（艾尔砂）和三个儿子率领一支七千人的军队和两百名指挥官，以及七千匹马和骆驼抵达首都开封。宋神宗建议他和部下留在中国。
>
> 和平建立后，阿力、密儿拾沙等将士两百余人、骑兵七百余人，携礼进京，请求他们的主人回国。宋帝却下令授予纳杰尼丁·苏菲"宁彝庆国公"，赐金二百两、白银五千两、绢一千匹、粮食五百石、卫兵五千三百人，将山东、山西及西河与黑河之间

的土地赐给他，并免征赋税，但要求在必要时做好作战准备。于是，纳杰尼丁·苏菲命令他的兄弟艾萨和其他人回到祖国，接管国家事务，服务于布哈拉（在布哈拉生活和工作）。在宋哲宗元祐八年（1093），也就是纳杰尼丁·苏菲九十七岁时，这位高贵的绅士去世了。

The
Biography
of
Samarkand

撒马尔罕 传

第一次文艺复兴时期的撒马尔罕

第三章

9—13世纪初,不仅是乌兹别克人同时也是人类文明的一个特殊历史阶段。在同一时期的初始阶段,随着逐渐脱离阿拉伯人的统治,撒马尔罕政治局势渐趋稳定。如上所述,各派政治势力逐步强大,他们纷纷行动起来,萨曼人、喀喇汗人、加兹尼人、塞尔柱人和阿努什泰金人组成的各个政治派别纷纷登上历史舞台。总之,他们都是马背上的民族,足迹遍布南疆到地中海,从高加索到印度北部的广阔地域空间。这同样为经济增长创造了条件,促进了国内外贸易的发展。

政治和经济因素创造的环境自然会对社会生活,特别是对科学、教育和文化的建设和发展产生积极的影响。在9世纪和12世纪,不仅在城市学、中等和高等教育方面高速发展,而且在科学技术方面,如数学、天文学、物理学、大地测量学、地质学、地图学、气候学、化学、医学、药理学、历史学、语言学和哲学等领域进步的速度也令人惊讶。因此,这一阶段被认为是第一次文艺复兴时期。

11世纪花剌子模(今乌兹别克斯坦及土库曼斯坦两国土地上)的马蒙学院,有几十位学者,如阿布·拉伊汗·别隆尼、阿布·阿里伊本希纳、阿布·沙哈尔·马士基、阿布·纳斯尔伊本·伊拉克、阿布·萨伊德米斯卡瓦赫、阿布曼苏尔撒阿里比、阿赫迈德·穆罕穆德沙里、赛尼丁·祖尔詹尼、阿布·卡里姆·吉尔嘎里、阿布·阿卜杜拉·瓦基尔、阿布·哈桑·马蒙、阿布·穆罕穆德·花拉子米、阿布杜瓦尔·伊本·阿卜杜萨玛德、阿布·阿扎克·伊本巴赫南、阿布·阿卜杜拉·伊拉基、阿布·阿卜杜拉·奈莎布里·赫列兹米、哈姆达基、伊赫迈德·马素里、阿布·穆罕穆德·拉柯什、阿布·阿卜杜拉·花拉子米、阿布巴克尔·穆罕穆德·花拉子米、阿赫迈德·伊本·穆罕穆德·苏海尔·花拉子米等,他们在自然科学和社会科学等领域深入研究,创作了伟大的作品,拥有了许多重大发现。

更多的科学家在土库曼斯坦的其他中心工作。值得强调的是,土库曼斯坦的科学家们使巴格达马蒙学院在科学界享有崇高的威望,并具有权威性。

穆罕默德·花拉子米783年出生于花剌子模,在那里接受学校教育和宗教教育。809年,马蒙(813—833年在位)(一译麦蒙,阿拉伯帝国阿拔斯王朝第七任哈里发。在马蒙时代,阿拉伯帝国是当时世界上无可争议的头号大国,马蒙对世界文明贡献主要在于文化学术方面,开展了阿拉伯和世界历史上著名的"百年翻译运动",从而使阿拔斯文化和整个阿拉伯伊斯兰文化进入了鼎盛时期)邀请他到马尔夫宫展示他在精算学和自然科学方面的成果,尽管那时他还很年轻。819年穆罕默德·花拉子米搬到了巴格达(时为阿拔斯王朝首府),随他而来的还有土库曼斯坦的其他伟大学者。因此,这位乌兹别克思想家既是巴格达马蒙学院的负责人,也是创始人,他的智慧被传播到全世界。穆罕默德·花拉子米于850年在巴格达去世。

尽管他的20部作品中只有一半幸存下来,也足以证明这位伟大的乌兹别克科学家对人类文明发展的独特贡献十分伟大。

《印度账户》是人类历史上最有价值的著作之一。书中详细描述了十进制法,这种算术方法在世界各地的传播,使人类有机会以简单易懂穆罕默德·花拉子米的研究不仅对欧洲天文学和三角学的发展具有重要意义，而且对西半球的发现也起到了特殊的推动作用。

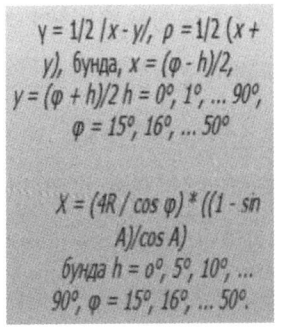

$y = 1/2 |x - y|$, $\rho = 1/2 (x + y)$, бунда, $x = (\varphi - h)/2$, $y = (\varphi + h)/2$ h = 0°, 1°, ... 90°, $\varphi = 15°, 16°, ... 50°$

$X = (4R / \cos \varphi) * ((1 - \sin A)/\cos A)$
бунда h = 0°, 5°, 10°, ... 90°, $\varphi = 15°, 16°, ... 50°$

Xorazmiy

的方式学习算术科学。

  乌兹别克学者的这部著作自12世纪以来被翻译成欧洲的各种语言，获得了极大的知名度。毕竟，对于迄今为止使用罗马数字的欧洲人来说，他们也可以使用数字1、2、3、4、5、6、7、8、9、0。因在算术中解决十进位算法，这在世界范围内实现了革命性的跨越。

  因为这部作品是用阿拉伯语写的，并被翻译成拉丁语，因此有两个问题需要注意：首先，由于欧洲人将穆罕默德·花拉子米使用的数字描述为阿拉伯数字，使得阿拉伯数字这个词享誉世界；其次，由于"Аль-Хоразми"在翻译中被称为"算法"，我们的同胞所描述的连续计算过程作为算法的概念也进入了数学科学。

  在《微积分简编》(《代数学》)中，穆罕默德·花拉子米将代数定义为一门科学，并描述了六种基本类型的线性和平方方程以及求解它们的一般方法。

  早在12世纪，这部作品就被多人翻译成拉丁语，包括1145年切斯特的罗伯特、后来克雷莫纳的杰拉多和塞维利亚的约翰。

  在古兰经中，穆罕默德·花拉子米选择了阿林子午线作为中心子午线。这是因为根据印度的天文地理传统，阿林达有一个圆顶。"Арин"

47

实际上是印度的乌贾因（现在的乌贾因镇）。

在阿德拉德·巴斯和杰拉多的翻译中，克里莫纳作品的经度是从阿林子午线开始的。罗杰·培根和阿尔伯特大帝也支持阿林子午线理论。

彼得·阿伊斯基撰写于1410年并于1480—1487年间出版的作品《地球图像》对欧洲科学和地理发现极为重要。阿林子午线的理论在这部作品和其中给出的地图中得到了充分的体现。克里斯托弗·哥伦布也通过这本书了解了阿林子午线的理论，根据这本书的描述，他把地球想象成梨形，并认为在西半球"阿林穹顶"的对面应该有一个更高的穹顶。综上所述，可以看出，花拉子米从古兰经中所引用的信息，不仅对欧洲天文学和三角学的发展具有重要意义，对西半球的发现也起到了特殊的推动作用。

艾哈迈德·费尔加尼，797年出生于费尔干纳。从学校和神学院毕业后，他从事数学、天文学和地理研究。他还引起了马蒙的注意——先是被邀请到马尔夫宫，然后是被邀请到巴格达生活。他于865年在埃及去世。在科学研究的基础上，他证明地球是圆的，一年中最短和最长的日子分别是12月23日和6月22日，太阳上有斑点。861年，他建造了一座测量尼罗河水位的独特水表。这个水表现被保存在尼罗河中的阿鲁瓦岛上，20世纪建造的阿斯旺大坝也曾利用它来测量水位。

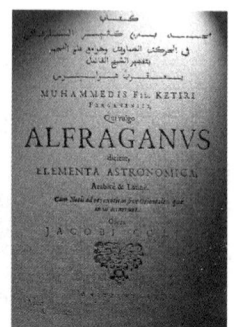

艾哈迈德·费尔加尼及著作

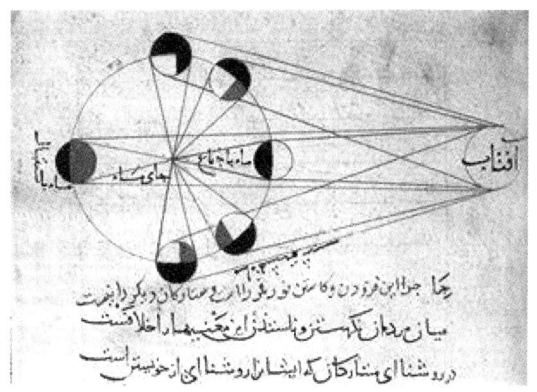

阿布·赖汉·贝鲁尼　　阿布·赖汉·贝鲁尼地球绕太阳旋转的科学假设

他的著作从12世纪开始被翻译成各种欧洲语言，被当作当时大学的主要教材，是欧洲大陆自然科学和精确科学发展的基础。

阿布·赖汉·贝鲁尼，973年出生在科特，也就是花剌子模的古城之一。他很小就成了孤儿，在当时伟大的数学家和天文学家阿布·纳斯尔·伊本·伊拉的指导下长大。阿布·赖汉·贝鲁尼毕业于这里的学校并接受了宗教教育，以百科全书知识而闻名，1004年至1017年，他在花剌子模的马蒙学院工作，并任科学和文化中心主任。

他于1017年加入马哈茂德·加兹内维（历史上第一位获得"苏丹"称号的统治者，建立了加兹尼帝国）的军队，在加兹尼度过余生，1048年去世。

阿布·赖汉·贝鲁尼是一位百科全书学者，著有152部关于天文学、数学、地理学、大地测量学、地质学、地图学、气候学、物理学、医学、历史学、语言学、哲学、文学和其他科学的有价值的著作（包括70部天文学、20部数学、12部地理和大地测量学的著作）。

除了母语外，他还会说阿拉伯语、波斯语、粟特语、叙利亚语、希腊语、希伯来语和梵语。

阿布·赖汉·贝鲁尼以科学的观点在一千年前就预言了美洲大陆的存在。他研究了地球绕太阳旋转的科学假设，测量了地球的半径，收集了4500种植物的突厥语、阿拉伯语、波斯语、希腊语、叙利亚语、印度语、古花剌子模语和粟特语术语，并对每种植物的概念加以详细的阐述。

我们这位伟大祖先的作品《古代民族遗物》描述了关于突厥人、犹太人、希腊人和其他民族的历史、习俗、世界观、节日、社会、文化和科学生活，也叙述了阿拉伯人占领我国领土的完整历史过程。

他的作品《科努尼·马苏迪》对过去和现在天文学和数学领域的所有成就进行了批判性分析，并描述了他自己的观察和科学研究的成果。

在科学史上，是阿布·赖汉·贝鲁尼第一个确定了物质相对重量，即重量和体积的关系。

例如，他用一种自制的特殊仪器精确地测量了50种物质的相对重量，其中包括9种金属、18种液体、3种矿物质和其他物质。

在"矿物学"领域的科学工作中，他特别注意了宝石的加工方法，宝石价值的评估和纯度的检查问题。他对图尔克斯坦地区矿场的记载特别有价值。关于阿汉加拉纳河谷绿松石，佐克、纳沙提尔、泽拉夫尚的汞、铁、铜、铅、银和金，费尔干纳的煤炭、石油，布哈拉的磁铁矿和其他国家矿藏的资料应有尽有。

995年，他在科特市制作了一个地球仪，在上面标出了地理物体，并根据定居点之间的距离确定了它们的地理坐标。这是东方制造的第一个球体地球仪，可以说是制图史上第一个基于数学地理学规则的仪器。

阿布·阿里·伊本·西纳　　阿布·阿里·伊本·西纳讲述他的观点

阿布·赖汉·贝鲁尼还写过赞美诗、反讽诗、浪漫诗和哲学诗。

阿布·阿里·伊本·西纳，980年8月16日出生于布哈拉附近的阿夫沙纳。他于1037年6月18日在哈马丹去世并被葬在那里。

他的450多部作品中，有242部得以保存至今，其中（160部）涉及哲学、医学、逻辑学、心理学、化学、生物学、矿物学、地质学、天文学、数学、音乐、伦理学、文学和语言学。

他曾在花剌子模的马蒙学院工作过一段时间。

通过系统化医学的理论和实践，他将该领域向前推进了几个世纪，甚至在某些方面使其更接近现代医学。

自12世纪以来，《医学定律》被翻译成拉丁语，出版了30多次，是欧洲大学的主要教材，800年来一直是东方和西方医生的医疗指南。

马哈茂德·扎马赫沙里，1075年3月19日出生于花剌子模的扎马赫沙里村（今土库曼斯坦），于1144年在古尔甘杰去世。

他的50多部著作中有很大一部分幸存下来，他在阿拉伯语语法、词汇学、文学、占星术、地理学、古代经典著作解释学、圣训和神学等

51

马哈茂德·扎马赫沙里及著作

领域都很有建树。

《综合语法书》于 1121 年出版，此后作为学习阿拉伯语语法的主要指南，在东方和西方都声名鹊起。

在阿努什特金统治时期，联系社会生活实际，他对名词、动词、连词、命名变化、动词变化等在 1137 年写的《阿达布·伊尔米加·基里什》一书中进行了语文学科的科学研究。

他被授予"花剌子模的骄傲""阿拉伯和非阿拉伯人民的导师"等荣誉称号。

伟大的数学家、天文学家、医生查格米尼的出生年份尚未确定。据信，他在蒙古入侵期间参加了保卫国家的战斗，卒于 1221 年。

他继承了穆罕默德·花拉子米、艾哈迈德·法加尼和阿布·赖汉·贝鲁尼在数学和天文学方面开创的科学学派和传统。

他的著作包括《天文学简明论文》《关于数字 9 在数学中的作用的论文》《遗产分割数学方法评论》《法律》等。

他在日心论的框架内进行了科学思考，得出结论认为，太阳是发光体，也是各行星的中心。这是有史以来第一个以水平面观测点为基础而设计的完全坐标系统。他对"不可分割粒子""基本粒子"，即原子有其科学的见解。

第一次文艺复兴的过程不是在贫瘠的土地上产生的，既不是突然的，也不是随着伊斯兰教传入图兰。乌兹别克人的土地上有一个科学、教育和文化体系，它在伊斯兰教传入之前就早已经存在了几个世纪。

随着该地区融入伊斯兰世界，当地的教育制度在形式上已伊斯兰化，尽管已开始传授和研究伊斯兰教义，但乌兹别克保留了几个世纪以来教育的本质和结构。只有高等教育机构在阿拉伯语中被称为"神学院"。从这个意义上说，第一所高等教育机构——福扎克神学院在10世纪出现在布哈拉并非偶然，但它在937年被大火烧毁。在10世纪，撒马尔罕建立了17所神学院。

1066年易卜拉欣·塔姆加赫在撒马尔罕建造的神学院由一系列建筑组成——清真寺、教室、教授古兰经的建筑（马克塔布）、道德教育的建筑（马德拉萨）、阅读古兰经的大建筑（马吉利斯穆克拉）、房间、庭院和花园。

教室在神学院一角的圆顶建筑里。这座神学院有东大门和南大门。

伊斯兰学校的文件提供了关于在该学校工作的教师和雇员的年薪和月薪的资料。最高的月薪是300迪拉姆，是阿布·哈尼法派的一名法学家。此外，还为马德拉学生每月提供助学金。助学金的数额取决于学生参加课程和学习科目的情况。神学院的学生总数一般为60—70人。

在这一时期，撒马尔罕最著名的神学院是库萨米耶神学院（位于库萨姆·伊本·阿巴斯建筑群）和易卜拉欣·坦加奇神学院。当时著名的学者和诗人，如阿布·曼苏尔·莫图里迪、布尔霍尼丁·马尔吉纳尼、阿布·阿卜杜拉·鲁达基和阿布·莱斯·撒马尔坎迪等，都是撒马尔罕神学院的毕业生。

1066年，易卜拉欣·坦加奇汗在撒马尔罕开设了一家免费医院。该院的服务对象界定为"穷人和不幸的人，缺乏朋友和帮助，被贫穷和精神痛苦所压迫的人"。因此，除了当地居民外，来自不同地方的外国人也可以在这里暂住和接受治疗。

在此期间，许多天文学家和数学家在撒马尔罕工作。

865年至866年，穆罕默德·伊本·艾哈迈德·伊本·优素福在撒马尔罕进行了天文观测。从871年开始，撒马尔罕的苏莱曼·伊本·伊斯马特用一个4米长的象限仪在巴尔赫观测太阳。由图兰科学家哈米德·伊本·希兹尔·霍贾迪于984—985年制造的等高仪，现在还保存在卡塔尔多哈的伊斯兰艺术博物馆。文献中也记载了撒马尔罕的另一位天文学家阿布勒·法塔赫·赛义德·本·哈菲夫·撒马尔坎迪（912—1000）。

沙姆西丁（卒于1291年）是13世纪的一位伟大数学家，著有关于几何学和哲学的著作。他的逻辑著作《里索拉·菲·阿多布·巴赫》在伊朗和奥斯曼帝国等其他穆斯林国家很受欢迎。后来，著名天文学家卡齐扎德·鲁米对他的几何著作写了评述。

13世纪著名医生纳吉比丁·撒马尔坎迪（1222年卒于赫拉特）的著作《工具与预兆》在穆斯林东方获得了巨大的声誉。1424年，根据兀鲁伯的命令，他写了一篇关于这部作品的评论。

据史料记载，撒马尔罕的眼科医生扎恩·卡克赫尔为成吉思汗诊治了眼结膜炎。

撒马尔罕也因伊玛目布哈里（810—870）而闻名于世，伊玛目布哈里是穆斯林世界主要神学家之一，是出生于布哈拉的学者，有着极高的天赋和极强的记忆力，16岁时随哥哥和母亲去朝觐，并在麦加、麦地

伊玛目布哈里汇编的圣训集

那和其他城市生活了40年，收集圣训。

他汇编的圣训集被公认为穆斯林世界十大圣训之首。当以圣训专家而闻名的伊玛目布哈里回到布哈拉时，布哈拉人排成一列6千米长的队伍，向他抛撒第纳尔和迪拉姆。然而，因一场阴谋，他被一名当地官员下令驱逐出布哈拉。约870年他被迫离开家乡布哈拉，前往撒马尔罕。伊玛目布哈里很快来到撒马尔罕附近的哈坦村，直到在那里去世。

9—10世纪，在各个主要的穆斯林城市中都建了法律学校。这一时期在撒马尔罕成立的法学院是伊斯兰世界最著名的学校之一。撒马尔罕的数位主要法学家曾在这里工作。其中包括阿布·穆罕默德·撒马尔罕、阿布·巴克尔·撒马尔坎迪（卒于881年）、阿布·曼苏尔·莫图里迪（卒于945年）、阿布·哈桑·鲁斯图格法尼（10世纪）、阿布·莱萨·撒马尔坎迪（983/984年在该校工作）。

同时代的人称阿布·曼苏尔·莫图里迪为"伊玛目之神"。他在撒马尔罕担任伊斯兰教长老。在接下来的几个世纪里，他的作品在从印度尼西亚到摩洛哥的广大地区广为人知。其作品被翻译成突厥语的基普恰克方言和奥斯曼土耳其语。他最著名的作品是《布斯顿·奥里芬》（《智慧花园》），致力于探究穆斯林伦理和教学问题。巴尔赫著名神学家穆罕默德·伊本·法兹尔（卒于931年）在撒马尔罕生活和工作，被认为是阿布·曼苏尔·莫图里迪和阿布·卡西姆·撒马尔坎迪的老师。

巴哈丁·撒马尔坎迪（卒于1140年）和阿布·卡西姆·撒马尔坎迪（卒于1161年）是12世纪著名的法学家。阿布·卡西姆·撒马尔坎迪写的《纳西里的卡通》早在13世纪初就成为撒马尔罕神学院的主要教具之一。巴尔哈的法学家阿布·巴克尔·瓦拉克（卒于903年）在撒马尔罕居民中也享有很高的声誉。

阿卜杜勒·卡里姆·巴兹达维（1010—1090），著名的哈纳菲法学家，著有110卷古兰经评注，也在撒马尔罕生活和工作。

著名法学家阿拉丁·阿布·巴克尔·撒马尔坎迪（卒于1144/1145年）出生于撒马尔罕。他的大部分有关穆斯林法律的著作都被保存下来，并被许多穆斯林国家的大学用作教科书。他的学生也是女儿的法蒂玛是图兰历史上第一位女法学家。

阿里·伊本·阿布·巴克尔·伊本·阿布·贾利勒·法加尼·里什塔尼，神学家和著名的法学家，俗称布尔哈尼丁·马尔吉纳尼（1123—1197），也在撒马尔罕生活和工作。1178年，他完成了他的著名作品《希达》。在接下来的几个世纪里，这本书成为穆斯林法律教育的宪法基础。布尔哈尼丁·马尔吉纳尼的后代都生活在撒马尔罕，他们都担任了高级职务，并在随后的几个世纪里为穆斯林思想的发展作出了巨大贡献。其中，阿布勒法特·扎伊尼丁·费尔加尼在1253年写了一部关于撒马尔罕司法系统的著作。

伟大诗人的故乡

在诗歌领域,特别值得一提的是阿布·阿卜杜拉·贾法尔·伊本·穆罕默德·鲁达基(860—941)。他出生在撒马尔罕附近的旁遮鲁达克村。后来他在撒马尔罕、布哈拉生活和学习,在萨曼王朝统治者纳斯尔·伊本·艾哈迈德(914—943)的支持下,他以"诗人苏丹"而闻名。2009年,在撒马尔罕市中心的一个广场上竖立了一尊鲁达基雕像。

沙哈布丁·阿玛克·布哈里(1048/1049—1147/1149)也住在撒马尔罕,被称为"诗人王子"。他写了史诗《优素福和祖莱哈》。12世纪,撒马尔罕有好几位诗人,例如著名的女诗人莫赫斯特,她曾在塞尔柱苏丹桑贾尔(1118—1157)的宫廷中任职。

伟大的诗人和学者乌马尔·哈亚姆(1048—1131)的名字永留撒马尔罕的史册。11世纪70年代,乌马尔·哈亚姆应撒马尔罕首席宗教法官阿布·塔希尔·阿卜杜勒·拉赫曼的邀请来到撒马尔罕,并在那里创作了他最重要的代数著作之一。据推测,乌马尔·哈亚姆住在撒马尔罕的戈特法尔区,该区至今仍保留在那里。不久之后,他应邀搬到了布哈拉。在苏丹马利克·沙阿的要求下,他最后定居在伊斯法罕。

12世纪初,艾哈迈德·伊本·奥马尔·伊本·阿里出生在撒马尔罕,同时代人称他为尼扎米·阿鲁齐。他创作了一部名为《珍品集,或四次谈话》的作品。尼扎米·阿鲁齐是乌马尔·哈亚姆的同时代人和对话者,他认为乌马尔·哈亚姆是他的导师。

蒙古人的入侵导致许多学者和诗人死亡,撒马尔罕图书馆被毁。为了自

乌马尔·哈亚姆

身安全，大多数科学家和精神导师不得不离开祖国。他们中有穆罕默德·奥菲，也许还有出生在摩苏尔的著名数学家、哲学家和天文学家阿布哈里·撒马尔坎迪的父母。

1160 年，撒马尔罕的穆罕默德·伊本·阿里·伊本·穆罕默德·伊本·哈桑·扎希里完成了著作《辛巴德南》，并将《辛巴德南》献给了阿里·恰格雷汗。

在喀喇汗王朝时期，突厥文学成功地获得了发展，例如《恩典的知识》《真理的礼物》《突厥语词典》和其他文学古籍，特别是《真理的礼物》融合了古突厥、波斯和苏菲文学的传统。

撒马尔罕的重建

撒马尔罕市，特别是其古老的灌溉系统，被蒙古人破坏。因此，撒马尔罕的市中心开始向南移动。

在目前的列吉斯坦建筑群以南建造了一座新的清真寺。旁边有一个公共广场，后来被称为列吉斯坦广场。不远处还有撒马尔罕大市场。然而，旧城墙已被蒙古人毁掉，撒马尔罕成了无城墙、不设防的城市。

尽管人员和物资遭受了巨大的损失，撒马尔罕人还是成功地延续了他们各方面最好的品质和传统。著名旅行家伊本·巴图塔（1304—1377）在谈到撒马尔罕和撒马尔罕人时写道："沿河修建了豪华的宫殿和建筑，证明撒马尔罕人的高超技艺。然而，这些建筑和城市的大部分地区都已经是废墟。这里没有城墙，也没有城门，城内只有花园。撒马尔罕居民对外国人的态度却宽容和友善。"

从 9 世纪到 13 世纪的宗教分布情况是，穆斯林、基督徒、摩尼教、犹太人和信仰其他教派的人都生活在撒马尔罕，但这些有着不同信仰的人们在撒马尔罕和睦相处。尽管萨曼王朝的成员都正式归属于哈纳菲教派，但他们并没有对皈依苏菲教派的人施加压力。

在 10 世纪和 11 世纪，撒马尔罕仍然有一个琐罗亚斯德教社区，在阿拉伯语的史料里，他们被称为异教徒，在波斯的史书中他们被称为穆加姆。值得注意的是，伊斯兰教和琐罗亚斯德教的净化（环境和身体）行为实际上完全相同。

在 8 世纪和 9 世纪，在阿巴斯哈里发统治期间，对摩尼教进行了残酷的镇压。然而，10 世纪时，撒马尔罕还居住着使用摩尼文字的摩尼追随者。

10 世纪末，撒马尔罕有一座摩尼神庙。伊斯比斯卡特村（位于帕斯达尔戈马区）和撒马尔罕伊斯巴撒格区大门的名字，考古专家都认为，与摩尼教有关联，因为摩尼教称他们的主教为伊斯巴撒格。用阿布·赖汉·贝鲁尼的话说："在任何一个伊斯兰国家，都没有一个他们（摩尼教）能集中的聚居地；摩尼教民的社区只存在于撒马尔罕市，（摩尼教派的成员）被称为萨比亚人。"

在 10 世纪，撒马尔罕地区的乌尔古特地区有一个基督教定居点瓦兹卡尔特，这里有一个基督教教堂。在这里，伊本·哈夫卡尔结识了伊拉克裔基督徒。1046 年，基督教聂斯脱里派仍以撒马尔罕为中心。1248 年亚美尼亚国王盖顿的兄弟塞姆巴特在撒马尔罕，他写道，"这座城市有一座基督教教堂"，他还描绘了耶稣和三位圣徒的故事。

12 世纪图德尔的旅行家本杰明到访撒马尔罕，他提到了一个犹太人社区，在这个社区居住着许多学者和富有的人。

撒马尔罕的纳瓦霍门的名字表明，该地区曾经有一座佛教寺院。在布哈拉，也有一个门叫同样的名字。8世纪初在巴尔赫提到的异教建筑就被称为纳瓦霍。

The
Biography
of
Samarkand

撒马尔罕 传

埃米尔·帖木儿时期的首都

第四章

埃米尔·帖木儿在历史上的作用是巨大的。他创造了世界历史的一个转折时机,终结了蒙古人在图兰长达150年的统治。1370年他在乌兹别克上台后,人类文明的一个新阶段——帖木儿时代开始了。这一阶段也被称为帖木儿王朝的黄金时代和帖木儿王朝的文艺复兴时期。

撒马尔罕的黄金时代也就这样开始了。在14—15世纪,撒马尔罕成为帖木儿王朝的首都后,这座城市经历了一段繁荣时期。130年来,这座城市的面貌、社会经济和文化生活达到了前所未有的水平。

撒马尔罕地理位置优越,曾经是欧亚大陆丝绸之路的历史交汇点。此外,撒马尔罕温和的气候、清澈的湖水、肥沃的土壤、独特的自然景观以及英勇不屈的人民,令帖木儿心驰神往。

当帖木儿来到撒马尔罕时,坚固的城墙、豪华的建筑因蒙古人的入侵而荡然无存。成吉思汗率领部众摧毁了撒马尔罕古老的阿芙罗西亚普的堡垒,以至于那里成为一片废墟,令人无处立足。战后幸存者都居住在城南的拉巴特。帖木儿认为,与其重建被成吉思汗摧毁的阿芙罗西亚普,不如再建一座新的城市。

1370年秋,帖木儿在撒马尔罕召开了一次大会议,邀请了所有埃米尔、各级官员、军事首领、学者、神学家和伊斯兰教领袖。大会讨论了与国家重建和发展有关的重要问题。大会特别关注在首都撒马尔罕开展的工作。这样,埃米尔·达武德除了在政府中枢的职位外,还被任命为撒马尔罕总督。埃米尔·奥克布戈被任命为监督管理撒马尔罕建设支出费用的官员。帖木儿颁布法令，确定在城郊四周修建高大坚固的防御墙。早在1370年，就已经开始重建城墙和国家官邸，修复拱门（城堡）和堡垒，建造新的宫殿。于是城市的四周有坚固的新城墙拱卫，城墙有六个大门，分别被命名为奥哈宁、乔苏、谢赫扎德、科罗格、苏珊加龙和菲鲁扎。

在重建撒马尔罕的过程中，帖木儿特别关注城市的防御工事与城市的改善、繁荣和美丽。这位伟大的统治者认为，拱门是统治国家的必要工具，于是在城市西侧的一座小山上开始建造拱门。除了拱门内巨大的大厅外，还安放了一个宝座，称为库克塔什，这里还有内阁办公室、武器制造厂、军械库、铸币厂和监狱。城堡占地34公顷，周围有两排防御墙。在防御墙的外侧挖了一条又深又宽的壕沟，灌满了从诺瓦顿河的支流里引来的水。城堡内部分为两部分，北面是行政大楼和军事设施，在南部建造了贵族住宅。

史料记载了关于帖木儿创造性思维的信息。城堡内部有两座宏伟豪华的宫殿，分别被命名为柯克萨拉伊和波斯顿萨拉。柯克萨拉伊有四层楼，它的蓝色圆顶非常醒目，从远处就可以看到。扎希里丁·穆罕默德·巴布尔在他的作品《巴伯纳姆》中提到了柯克萨拉伊："帖木儿建造的一座高大建筑是位于撒马尔罕拱门内的柯克萨拉伊。"这座建筑有一个讳莫如深的传闻：帖木儿的儿子，凡抬起头望向宝座上的，他便会将儿子的头放到宝座上。因此人们只要隐晦地说："'有某个王子被带到了柯克萨拉伊'，那就意味着，此人会死于非命。"

柯克萨拉伊拥有帖木儿的宝座、宝库和藏书丰富的图书馆。他在这里接待外国使臣和朝臣。即使在帖木儿之后，柯克萨拉伊还是帖木儿继

帖木儿时期两座宏伟豪华的宫殿

任统治者的官方宫殿。

由于撒马尔罕市是按照总体规划建造的，波斯顿萨拉、柯克萨拉伊、库特比·查霍达胡姆、鲁哈巴德和帖木儿陵墓、穆罕默德·苏尔丹神学院和住宅排成一排。这些高大而雄伟的建筑，使撒马尔罕显得更加美丽、宏伟，从而更富活力。从历史资料中可以详细了解这些广场、池塘、喷泉、街道、清真寺和神学院的建设情况。撒马尔罕城四周有高大结实的城墙拱卫，该城有六个出入口城门。在北部，防御墙是谢赫扎德和奥哈宁铁门。东面是菲鲁兹门。

在帖木儿的倡议下，撒马尔罕建造了20多座宏伟的建筑。当时的历史学家如沙拉菲丁·雅茨迪和尼赞米丁·沙米指出，这些建筑的设计是由帖木儿自己审查和修改的，只有在设计完善后才获得批准。

帖木儿陵墓，由帖木儿于1403年修建；比比·哈内姆大教堂清真寺和陵墓，由帖木儿于1399—1404年下令修建。谢赫·静达陵园，主要重建于1375—1435年。柯克萨拉伊由帖木儿王朝阿布·赛义德（1451—1469）和苏丹艾哈迈德·米尔佐（1469—1494）重修。霍贾·阿卜迪·贝伦陵墓，伊什拉坦·鲁哈巴德陵墓，兀鲁伯天文台，建于1424—1428年。陵墓综合体，如库特比·查霍达胡姆和宫殿，所有这些建筑都装点着城市的美丽。

帖木儿对乌兹别克城市规划的另一项重大创新广为人知，当时撒马尔罕内外建造了12座美丽的花园宫殿。在这些花园的中心也建造了豪华的宫殿，因此它们被称为宫殿花园。关于花园宫殿的名称、位置和结构的信息主要记录在沙拉菲丁·阿里·亚兹迪、尼扎米丁·沙米和西班牙使臣克拉维霍的著作中。

帖木儿在撒马尔罕周围开辟了许多美丽的花园。像迪尔库肖神、奇诺神、比希什特神、巴兰神、达夫拉塔巴德神、纳夫神、沙莫尔神、贾汉纳莫神和迈丹神这样的花园是经验丰富的建筑师和企业家智慧、辛勤劳动和高超技能的结晶。这里还展示了当时的园林艺术。花园有两种结构：第一种类型的花园每侧长度约1000米；第二种类型是在天然森林、灌木和草地上建立的自然保护区。这些保护区是为狩猎的统治者设计的。自然保护区的动植物种类无疑是极其丰富的。

帖木儿在撒马尔罕北部丘帕纳特马扎尔附近为他的孙女（米隆沙赫的女儿）建造的花园被称为巴兰神。花园中央是一座由大不里士白色大理石建造的豪华宫殿，周围是葡萄园、无花果林和橄榄林，给花园增添了妙不可言的新鲜气息。

帖木儿在撒马尔罕西部建造了一座花园，以他心爱的妻子图曼·阿格的名字命名为贝希什特。在历史文字记载中，该花园也被称为"天堂花园"。历史学家沙拉菲丁·阿里·亚兹迪在史料中描绘："在花园中央，有一座由护城河环绕的人工山，山上矗立着一座用白色大理石建造的奢华宫殿。人们可以通过几座桥进入宫殿。宫殿的一侧还有一个动物园。"

1399年4月22日，帖木儿从印度远征归来，达夫拉塔博德花园就被赠送给了他。花园位于撒马尔罕以南13千米处。帖木儿从胜利的征途中归来时，便在花园里休息，并举行庄严的仪式，接待外国使臣。

这座建于1397年的花园，是为了纪念帖木儿的其中一位妻子托卡尔哈内姆而建的，被称为迪尔库肖神，即欢乐花园。花园位于撒马尔罕以东5千米处，印杜万古村遗址上。900米的草墙围绕四周，有四个大门可以出入，花园中心有一座华丽的宫殿。宫殿有三层，每层都有喷泉。宫殿的墙壁上挂有描绘帖木儿战争时期的绘画。1404年，帖木儿在这里接待了西班牙使臣鲁伊·冈萨雷斯·德·克拉维霍。

此外，帖木儿于1397年为米隆沙赫的女儿建造的沙莫尔神花园、1398年建造的贾汉纳莫神（世界之镜）花园、1404年建造的迈登神花园、诺瓦神花园和奇纳尔神花园，给撒马尔罕市增添了一批美丽的胜景。

帖木儿非常重视对首都撒马尔罕的美化工作。每一次庆祝活动，他都会建一座宏伟的建筑纪念碑来庆祝。为此，乌兹别克大师与来自印度的数百名石匠，与来自设拉子、伊斯法罕和大马士革的能工巧匠一起，在该国建造了许多宏伟的建筑和设施。帖木儿在大不里士修建了一座大教堂清真寺，在设拉子修建了一座宫殿，在巴格达修建了一座神学院，在雅萨（今哈萨克斯坦共和国图尔克斯坦市）为著名的宗教长老艾哈迈德·亚萨维修建了一座陵墓。

他毫不吝惜地在沙赫里萨布兹和撒马尔罕建造高层楼宇，特别慷慨，出手阔绰。在沙赫里萨布兹，他在父亲和儿子的坟墓上建造了一座陵墓，还建造了一座大清真寺。著名的建筑阿克萨赖在沙赫里萨布兹建成。这座宏伟的高楼正面、拱形拱门和穹顶的墙壁都用蓝色和金色的花纹瓷砖装饰，而雕刻成花卉形状的铆钉将不同内容的诗歌和铭文装饰固定在墙上。阿克萨赖建筑始建于1380年代，在阿克萨赖瓷砖和铆接屋顶的花卉图案中，标榜的口号是"看到我们建造的楼宇大厦，你才会相信，只有我们才有如此强大的力量和如此高超的能力"。

在世界史上曾有许多世界性强国，其中的大多数国家最后只留下一堆废墟。相比之下，帖木儿终其一生都是一个开创者。他曾说："如果我从某处拿走了一块砖，我会补上十块砖；如果我砍倒了一棵树，我会补种十棵树苗。"

克拉维霍在他的著作《撒马尔罕的财富》一书中写道："这个国家盛产谷物、水果、蔬菜、家禽、各种其他肉类，物产丰富，各类食品应有尽有。这里的绵羊肥大健壮。有些绵羊的后臀部有8—10公斤重，人们用单手几乎不能将其后半部身体抬离地面。这里的羊是如此之多，价格也非常便宜。当皇家军队聚集在撒马尔罕时，购买一对这样的羊价格是1杜卡特。其他商品也很便宜，大麦的价格低于实际价格，比别的地方便宜百分之五十。面包很便宜，大米多得吃不完……撒马尔罕和周围的土地非常肥沃，物产极为丰富。正因为如此，这座城市才被称为撒马尔罕。它的真名是谢米茨肯特，意思是一个富裕之地。"

整个帖木儿王朝统治时期，除了壮丽雄伟的建筑楼宇外，在撒马尔罕还兴建了各种职业的手工业区，为一些手工业业主扩大影响力创造了条件。当时熟练的花匠、油漆工、木匠和工匠在装饰花园和宫殿方面发挥了重要作用。花园和宫殿的墙壁上画着伊朗、印度达什蒂·基普恰克战役的场景，帖木儿向国外使臣赠送礼物的仪式，以及狩猎和宴会的场景。

图兰的农业绿洲在帖木儿统治时期，扩大了农业灌溉的面积，特别是在泽拉夫尚山谷开凿了许多灌溉网络，还建了许多新的村庄。萨希布基兰以大马士革、开罗、巴格达、苏丹和设拉子等东部著名城市的名字命名了撒马尔罕周围的几个村庄。撒马尔罕作为一个大而新的城市，其无与伦比的美丽加上周边发达地区的烘托，她在各个方面应该已经超越当时世界上几个最大的城市了。

首都的贸易和手工业在此期间获得了巨大的发展，建立了新的市场和贸易区。城市与农业绿洲、游牧牧民和半游牧牧民之间的贸易和交流正在扩大。这个城市的人口的增加对扩大互市贸易具有特别重要的意义，因此国内外贸易不断扩大和发展。撒马尔罕是一个特别出众的地方。根据西班牙外交使臣克拉维霍的记述，小麦和大米在撒马尔罕市场上数量极其充盈，价格也极其便宜。手工艺品如缎子、线和羊毛纺织品、毛皮和丝绸、皮革制品、香料和药品、镀金首饰和其他商品在这里都有出售。另外还有来自外国的矿产，特别是来自呼罗珊的矿产，印度和信德的红宝石和钻石，中国的绸缎、碧玉、麝香和其他商品，以及来自其他各个地方的金银，都运到了首都交易。克拉维霍在日记中也提到了，一支由800头骆驼组成的商队来自中国当时的京都北京。

这里设了专门的官吏——穆赫塔西布来维持市场秩序、清洁卫生、检测称的准确和价格的公道。另一组穆赫塔西布负责监督伊斯兰教法和宗教基金的执行。因此，西班牙使臣克拉维霍写道："撒马尔罕严格遵守法律，未经统治者（帖木儿）允许，任何人不得伤害他人或对任何人实施暴力。"未经国家元首许可在市场上抬高价格的商人也受到了惩罚。克拉维霍在回忆录中还写道："……此外，他还下令惩罚一些在他缺席的情况下提高肉类价格的屠夫。他还曾下令将卡武什杜兹（鞋匠）和其他一些手工工匠的部分财产充公，对他们高价出售商品的行为以示惩戒。"

从中国和印度经图兰到中东和欧洲的国际商队必经的路线——著名

的丝绸之路，在此期间被帖木儿和他的地方官员牢牢地控制着。为了确保商队的安全和改善沿路条件，帖木儿采取了重大措施，那就是在丝绸之路沿线的城镇和村庄里普遍建立商队客栈、拉巴特、军事要塞和桥梁。东西方国家之间的贸易和外交关系的扩大，毫无疑问，确保了乌兹别克斯坦国家对外经济和外交关系的稳定。

在帖木儿统治时期，撒马尔罕已经铸造银币和铜钱。有40多家造币厂分布在好几个城市。金币只在花剌子模铸造。在撒马尔罕和其他铸币厂铸造的铜币被称为弗鲁斯或弗鲁斯坦克。

硬币的正面刻有帖木儿时代的官方可汗苏尤尔加特米什和马哈茂德苏丹的名字。国玺印在硬币的背面。帖木儿的儿子沙鲁赫和孙子兀鲁伯继承了铸币的传统。1449年，兀鲁伯在撒马尔罕铸造了类似帖木儿时代的硬币。兀鲁伯的硬币与他祖父和父亲的硬币有相同的国玺印。帖木儿时期的硬币在价值和质量上都相当高，这是经济稳定的一个重要因素。

在帖木儿（1370—1405）和帖木儿王朝[沙鲁赫·伊本·帖木儿（1409—1447）、兀鲁伯·伊本·沙鲁赫（1447—1449）、阿布·赛义德·伊本·苏丹·穆罕默德（1457—1469）]统治时期，他们在稳定经济和确保首都繁荣方面，都做出了很多努力。

1405年2月18日，帖木儿在奥特拉去世，他的孙子哈利勒苏丹继承了撒马尔罕王位。然而，不久之后，在1409年，他被迫将权力移交给他的叔叔沙鲁赫，帖木儿的小儿子。乌兹别克新统治者沙鲁赫选择赫拉特市为首都，赫拉特市长期以来一直是他的住所。他任命他的儿子兀鲁伯为撒马尔罕的统治者。

在其父亲沙鲁赫和被委派来的经验丰富的埃米尔们的帮助下，15

岁的兀鲁伯管理着这个地区，任何重要的问题他都要与父亲协商并和父亲保持一致，他父亲严格控制着从花剌子模到喀什的领土范围。

1447年3月12日，沙鲁赫去世。沙鲁赫将所有权力集中于自己一人，并有效地管理着由现在的中亚、阿富汗、巴基斯坦、印度北部、伊朗和高加索地区组成的广大领土区域。兀鲁伯极力想承继这一伟人的政治遗产，但他没有成功。1449年10月27日，他在撒马尔罕去世，享年55岁。两年后，阿布·赛义德掌权，他统一了图兰和呼罗珊，并开始征服伊朗。

The
Biography
of
Samarkand

撒马尔罕 传

第二次文艺复兴的中心

第五章

毫无疑问，蒙古的入侵使第一次文艺复兴时期的历史成就遭受了巨大破坏。然而，帖木儿不仅成功地在35年的时间里重建了阿努什特金时期的乌兹别克斯坦，而且还将撒马尔罕变成了世界的政治、经济、科学和文化中心。他特别关注整个国家的发展。

帖木儿深知，没有科学和文化的发展，任何社会及国家的发展和未来都无法想象。他深刻认识到，要重视、保护并使用好有独特能力的人才，为激发他们的创造力创造条件，确保他们的生计。他的意思是，那些有特殊才能的人、品德高尚学识丰富的学者，他们的丰富经验和全新知识有助于解决社会和国家发展中的各种问题，他们比社会其他阶层的人思路更广，对当前形势的了解也更透彻。因此，无论他去到世界上的哪个国家或城市，他总是尝试召集科学家和各类学者到他身边，与他们进行长时间的交谈，听取他们的意见，并讨论各种问题。

关于这一点，历史学家伊本·阿拉布沙赫（1389—1450）曾说："他对博学和贤德的人表现出充分的尊重，远甚于他人。他让他们各安其位（做自己擅长的事），诚恳地尊重他们的意愿。他经常与他们进行坦诚而有意义的讨论，并鼓励他们说真话。"

穆伊尼丁·纳坦齐在谈到帖木儿统治乌兹别克时期时写道："穷人和寻求知识的人（学生）的津贴，是根据每个人以及宗教基金的状况，从宗教财产和神学院中支付的。"（因此）瓦克法规定对慈善款不征税。

帖木儿指示他的大臣们不要让捐赠财产中的一枚硬币落入国库。他很快就与学者和智者找到了共同语言。也就是说，他非常重视对宗教学校及其学生的财政支持。

帖木儿一生都保持着这种对科学和文化的态度。他的儿子沙鲁赫和其他帖木儿家族的人继续他的事业。

因此，在帖木儿时代，建立了许多神学院、图书馆和学校。来自世界各地的学生来到这里学习，专家学者也被邀请加入这里的教育事业。

在成吉思汗和他之后的蒙古统治时期，该地区的许多学者、诗人、工匠和艺术家逃到小亚细亚、阿拉伯国家和印度，以挽救他们的生命。例如，13世纪下半叶出生于费尔干纳、后死于土耳其阿克萨雷市的赛菲·费尔加尼前往小亚细亚，1321年出生于花剌子模萨里卡米什村的诗人赛菲·萨拉伊不得不于1398年逃往埃及并一直待到在亚历山大城去世。1171年生于布哈拉、1242年死于德里的穆罕默德·奥菲也因成吉思汗的威胁而被迫逃往印度北部。对国家的文化发展造成重大打击的事件之一是，王公贵族富裕家庭和有各种地位的人在蒙古人的影响下离开了该国，他们带走了朝臣及其随从，包括学者、诗人、艺术家和工匠。

另一方面，部分赞助人施展自己的能力挽救了很多科学家和文化人的生命。有足够的证据表明，这种"移徙"规模很大。例如，在吉亚齐丁·巴尔班（1266—1287）统治印度北部时期，包括图兰在内的许多国家的很多学者、诗人和工匠都逃到了那里，统治者在不同的街区为他们分配了居所。因此，在德里就形成了花剌子模人、撒马尔罕人和喀什人的居住区。

蒙古人统治时期，图兰在科学和文化上变得几乎空无一人，直到帖木儿时期，不同国家的图兰人开始返回他们的祖国，图兰才有机会重新崛起。毫无疑问，他们中有几代人的祖先去了印度北部、阿拉伯国家和其他地区。他们大部分是和帖木儿的军队一起回来的。此外，撒马尔罕、布哈拉、沙赫里萨布兹、赫拉特等城市转变为文化和科学中心，创造了比其他地方更好的条件，吸引了其他国家的科学家、诗人和艺术家来到这些地方。在兀鲁伯神学院工作的伊朗和土耳其科学家可以佐证这一点。

其中有一位著名的波斯科学家吉约西丁·科西，他一直在兀鲁伯天文台和科学院工作。他写到，在伊朗，人们对恒星科学的关注正在减少，他来到这里是因为撒马尔罕具备做这项研究的所有条件。

科学和文化的繁荣还在于，帖木儿王朝的所有成员，无论是否登基，都知识渊博。除了母语外，他们还精通波斯语和阿拉伯语，在历史、天文学、数学、医学、诗歌、拼写、建筑和宗教科学方面也有着巨大的潜力。他们非常尊重书本，认为书本是知识和智慧的源泉。这就是为什么帖木儿、沙鲁赫、博伊桑古尔、兀鲁伯、皮尔穆罕默德、哈利勒苏丹、苏丹侯赛因、巴迪乌扎曼等统治者的丰富图书馆在广大民众中声名鹊起的原因。

在帖木儿、沙鲁赫、兀鲁伯、苏丹侯赛因·拜卡拉还有帖木儿帝国的重要妇女库特鲁格·图尔孔·阿加、米尔卡特·阿加、加夫哈沙德贝基姆以及一些为帖木儿服务的埃米尔共同发起下，撒马尔罕、布哈拉、吉杜万、马尔瓦、赫拉特、亚兹德、巴尔赫、马什哈德、设拉子、伊斯法罕和其他城市建立了几十所神学院。像穆罕默德·侯赛因、苏丹·穆赫辛、莫明、穆扎法尔·侯赛因、扎希里丁·穆罕默德·巴布尔等帖木儿时期的人物都是品位高雅的诗人，擅用突厥语和波斯语写诗。总之他

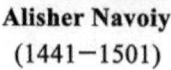

阿利舍尔·纳沃伊及其著作《哈姆萨》

们赞助了众多诗人，培养了有才华的作家。这使得帖木儿时期成为乌兹别克和波斯文学发展的重要阶段。

阿利舍尔·纳沃伊和阿布杜拉赫曼·努列丁即贾米在同一个时代生活和工作的事实说明了很多事情。突厥诗人，如哈菲兹·霍雷兹米、海达尔·霍雷兹米、萨科基、加多伊、杜贝克、阿托伊、卢特菲、阿米里、亚基尼，波斯语诗人布朗杜克·霍贾迪、伊斯马特·布哈里、胡马云·伊斯法拉伊尼、巴德里丁·查加泰、里亚齐·撒马尔罕、哈洛基，以及在伊朗、阿塞拜疆、呼罗珊和小亚细亚创作的几十位诗歌大师，生活在同一时期，并受到帖木儿王朝的保护。

阿利舍尔·纳沃伊被认为不仅是第二次文艺复兴时期，而且是全人类最杰出的人物之一。他共有20万首诗的文学遗产，其中包括这位伟大思想家写的由52000首诗构成的《哈姆萨》，构成了一部关于存在与自然、人与社会、道德与完美的独特百科全书。

扎希里丁·穆罕默德·巴布尔，巴布里德王朝的创始人，一位伟大的政治家和将军，拥有独特的才能，他的主要作品《巴布里纳姆》被认为是世界历史和艺术遗产中独一无二的明珠。

对造纸、绘画、珠宝、封面制作、地图制作、桌子制作和书法的艺术进行赞助使赫拉特经营的艺术和工艺中心达到了顶峰。这里曾经创造了最稀有的手稿，绘画和书法样本，直到今天装饰着世界各地的收藏。像阿布杜哈、皮拉赫迈德·巴吉萨马利、穆罕默德·哈利米、苏丹阿里·博瓦迪、沙哈布丁·阿卜杜拉、扎希鲁丁·阿斯加尔、卡马利丁·贝佐德、艾哈迈德·鲁米、沙姆斯·拜松古里、哈吉·阿卜杜勒卡迪尔、穆罕默德·巴德里丁、穆罕默德·卡提卜等数十位书画家在帖木儿时代名动一时。

兀鲁伯神学院

在精密科学的发展中帖木儿时期占有特殊的地位。数十位著名的天文学家和数学家在兀鲁伯神学院工作。其中的代表人物有卡扎德·鲁米、阿里·库什、吉亚西丁·贾姆希德·科什、天文学家贾拉利丁、侯赛因·比尔扬迪、米里姆·沙拉比、曼苏尔·科希、阿卜杜勒卡迪尔·洛希吉、穆罕穆德·胡萨尼等。

兀鲁伯为撒马尔罕的精密科学和自然科学的发展开辟了广阔的道路，这对他的时代和随后的几个世纪都具有重要意义。1424年至1429年，撒马尔罕附近修建了一座天文台，其精度高达1弧秒。经过二十年对恒星运动的连续观测，它测定了1018颗恒星在黄道系统中的位置、一年的持续时间（365天6小时10分58秒）和地轴的偏转程度(23.52)。在此基础上，《兀鲁伯新天文表》诞生了！这是17世纪光学仪器发现之前最杰出的天文学著作，被认为是当时科学的巨大飞跃，为后来几个世纪东方和西方天文学的发展奠定了基础。

贾姆希德·科什是一位伟大的数学家，他重新设计和改编了十进制和十六进制的理论，使数论达到了现代数学的水平。阿里·库什在数学中引入了正数和负数的术语。

医学界的著名著作，如布尔霍尼丁·纳菲斯的《疾病原因和症状概述》、穆贾兹·卡农的《疾病治疗》、吉亚斯·穆塔比卜的《疾病治疗》、曼苏尔·伊本·穆罕默德的《人体及其器官状况概述》、巴胡达夫拉·哈萨尼的《基法亚蒂·曼苏里》《实验和善行摘要》以及其他医学论文都是在帖木儿王朝时期写成的。布尔霍尼丁·纳菲斯除了是一名科学家外，还是兀鲁伯的私人医生。

众所周知，帖木儿时期和帖木儿王朝非常重视历史科学。尼扎米丁·沙米、哈菲齐·阿布鲁、穆伊尼丁·纳坦齐、沙拉菲丁·阿里·亚兹迪、阿布杜拉扎克·撒马尔坎迪、米尔洪德·洪达米尔、阿利舍尔·纳沃伊等是东方著名的历史学家和诗人，他们生活在帖木儿王朝的保护下，写了关于帖木儿王朝帖木儿、沙鲁赫和其他成员的许多著作。

艺术

在帖木儿王朝时期，书籍艺术在帖木儿时期也迅速发展。这种艺术与书籍的艺术装饰作品相得益彰。画家阿卜杜勒哈伊在发展撒马尔罕微型画方面的功绩很大。阿布杜哈伊从1396年起就住在撒马尔罕，并培养了许多学生。他的一个学生皮尔·艾哈迈德·博吉沙马尔声名卓著。他在帖木儿创立的博吉沙马尔花园中参与了花园的设计，并以花园的名字作为他的昵称。今天，帖木儿时代创作的独特微型画被伊斯坦布尔、

帖木儿时期的艺术作品

巴黎、伦敦、华盛顿和圣彼得堡等城市的博物馆和图书馆收藏。

在帖木儿王朝时期，撒马尔罕的陶器艺术尤为突出。用五颜六色的装饰和油漆装饰的菜肴比日常家居用品更接近艺术样本。

历史资料和后来的科学研究表明，这一时期金属加工艺术非常发达，特别是在首都撒马尔罕。工匠用金、银、铜、青铜制作各种器皿、烛台和兵器。餐具、玻璃杯、罐子和贵金属玻璃杯被用于帖木儿举办的旅行、宴会、婚礼和大使招待会。一些历史学家认为，这一时期生产的吊灯非常豪华和昂贵。

在14世纪和15世纪，撒马尔罕金属铸造学校达到了很高的水平。这里生产了青铜和铜罐子、洗涤罐、盘子、碗、烛台、门把手，用精致的银线装饰，闪闪发光。

帖木儿统治时期，撒马尔罕的珠宝、玻璃、陶器和锻造工艺也得到了很好的发展。其中一些标本被保存在世界各地的博物馆中。

木雕也在撒马尔罕发展起来。门由成熟的木材制成，如坚果和桑树，表面有几何和植物图案。手写的铭文被用作额外的装饰。安装在撒马尔罕谢赫·静达和帖木儿陵墓中的木门被视为高水平的艺术品。今天，他们的一些样品保存在纽约大都会艺术博物馆，一部分保存在冬宫博物馆。

建筑学

众所周知，建筑工程在帖木儿王朝时期达到了顶峰。不光在图兰的城市，如撒马尔罕、布哈拉、沙赫里萨布兹、亚西，建有堡垒、清真寺、伊斯兰学校、商队旅馆、市场、宫殿、房屋、大道、陵墓等辉煌的建筑，还在呼罗珊的城市赫拉特、马什哈德、尼沙普尔等，甚至在伊朗和阿塞拜疆的城市也修建了许多类似的建筑。

帖木儿时期，撒马尔罕是创造力和建筑方面最繁荣的城市，因为撒马尔罕是那个时代最大的国家——由帖木儿建立的王国的中心，撒马尔罕体现出世界上最强大国家首都的繁荣和美丽。从这些建筑可以看出帖木儿作为领导人的抱负、他儿子对国家的责任以及他们对国家的自豪感。

我们可以从撒马尔罕周围的米斯尔、大马士革、苏丹国、巴格达、设拉子等城镇的建设中看到这一点。帖木儿想把撒马尔罕提升到世界各国首都的顶峰。

在成吉思汗入侵期间，撒马尔罕沦陷，堡垒、城墙、清真寺和其他建筑被毁。据中国史料记载，撒马尔罕只剩下四分之一的人口。

帖木儿一登基，就在城内和城外修复和构筑工事。他组织市场，建造一系列建筑和商店，在建筑方面彼此不相似。宫殿、神学院、陵墓、清真寺、公共机构和公共浴室，城市内外周围都是花园，建筑质量很高。他的部下效仿上级，建造了许多建筑工程。

沙赫里萨布兹也进行了大规模的建筑工程，环绕着这座城市建造了一座独特而雄伟的城墙，并修复了达尔·蒂洛瓦特、达尔·萨奥达特等建筑群中的陵墓和神学院等。

阿克萨雷、科萨罗伊、波斯顿萨洛伊、帖木儿陵墓，艾哈迈达·亚萨维陵墓、谢赫·静达、列吉斯坦、比比·哈内姆清真寺，加瓦舍德贝吉姆伊斯兰教学校和兀鲁伯神学院和天文台……还有在不同城市建造的其他数十个美丽、雄伟豪华的建筑都体现了乌兹别克人的智慧。

众所周知，帖木儿王朝在美化城市和建筑活动方面是其他人的榜样。此类建筑比比皆是：小儿子沙鲁赫重建了赫拉特和梅尔瓦的要塞，他和妻子在赫拉特修建了神学院、多鲁希法医院、霍纳克、巴尼亚、陵墓、图书馆和其他建筑。

除了神学院外，值得一提的是兀鲁伯在撒马尔罕建造的公共浴室，谢赫·静达清真寺的更新和有关设施的扩建，布哈拉和吉杜万的神学院，沙赫里萨布兹的清真寺，设拉子的达什塔基伊斯兰学校，巴尔赫的苏丹侯赛因的妻子比尔苏丹的伊斯兰学校"巴迪亚"，马什哈德的优素福霍吉清真寺和阿诺瓦的阿布卡西姆巴布尔清真寺等，不胜枚举。

还有证据表明，帖木儿的妹妹库特卢格·图尔孔·阿加自费建造了神学院和霍纳克。阿利舍尔·纳沃伊还领导了几所神学院、40所拉巴特、17座清真寺、10座霍纳克、9座公共浴室、9座桥梁、约20个池塘、呼罗珊的大坝，特别是赫拉特和其他著名地点的大坝的建设或修复，其中包括赫拉特的好几所神学院和医院等。

值得注意的是，在帖木儿王朝领导乌兹别克斯坦国家期间，建筑以及建筑领域的相关周边工作主要是为了造福社会。公共浴室、集市、神学院、医院、商队是大多数人的首选目的地。此外，不难想象的是，不断进行的各种建筑工程为人们提供了就业机会，而豪华宏伟建筑的建造推动了精确科学和自然科学（特别是数学、几何学、大地测量学）以及大师技能的提高。城市、村庄——整个国家都因建筑而繁荣起来。国库中积累的巨大财富被用于造福许多人并延续了几个世纪。

因此，人类历史上这一时期国家和社会各个领域的发展被认为是第二次文艺复兴，即帖木儿文艺复兴。

帖木儿清真寺

帖木儿大清真寺是当时最大的建筑之一。历史学家吉亚西丁·阿里写道："……801年斋月的第四天（1399年5月10日），帖木儿选择了首都最好的地点，著名的大师和建筑师设计建造了这座巨大的建筑，并在最有利的时刻开始建造。"

阿布·塔希尔·霍贾在他的《撒玛利亚》一书中描述了这座清真寺的历史："埃米尔·帖木儿·库拉贡清真寺位于城内北侧，在哈兹拉特·沙阿的大门旁……"清真寺的门廊上写着："埃米尔·塔拉盖的儿子，伟大的埃米尔·帖木儿·库拉贡于801年下令修建。"清真寺大门上有这样的铭文："这座清真寺于806年（公元1404年）竣工。"

大清真寺的门是双层的，由呼罗珊（黄铜、铜和锌融合在一起形成呼罗珊）制成，在清真寺的入口处，大师用钢笔尖做了非常漂亮的图案。

大清真寺的总面积为167×109米，拐角处有高尖塔，这些尖塔目前正在修复中。清真寺在时间和地震的影响下逐渐倒塌，只有西北部的尖塔底部幸存下来，高18.2米。比比·哈内姆清真寺的地基是石头，墙壁是烧砖（4.4—5米厚）。

在重建之前，清真寺由六个独立的建筑部分组成。在庭院的远处有一座带有祭坛和高入口门户的建筑物，两侧是缩小版，底部有一个分开的清真寺入口，西北部有一座独立的尖塔。以前，这些部分由三排白色大理石柱和轻型拱门连接，顶部有 400 个圆顶。这些柱子有 480 根（它们之间的距离为 3.5 米），每个柱子都有一个底座，主体雕刻，顶部装饰着彩色瓷砖，上面装饰着穆卡纳斯（现在埋在地下，考古发掘发现了穆卡纳斯的上部，由柱子、底座和碗组成）。

清真寺的院子里堆放着大理石。庭院中央矗立着一个巨大的大理石柱子，用于镌刻古兰经。它最初位于主楼内，但在 1875 年，由于考虑大圆顶有倒塌的危险，它被移到了院子的中间。它的边缘装饰着优雅的图案、花卉装饰和铭文。皮皮塔是 15 世纪中叶根据兀鲁伯的命令建造的。上面写着："伟大的苏丹，仁慈的统治者，宗教的赞助者，哈纳菲教派的守护者，高贵的苏丹，忠实的埃米尔·兀鲁伯贝克·库拉贡。"

清真寺入口的上部在 1897 年的地震中倒塌。

佩什托克雄伟壮观，中间有一个 18.8 米宽的拱门。两侧的塔比屋顶高。佩什托克内部有一个较小的拱门。它有一个雕刻大理石图案的大门，上面的石碑上写着清真寺的建造年份和帖木儿的家谱。双闸门由七种不同的铁合金制成，后来消失了。门户的侧翼上有两个圆形楼梯。佩什托克宽阔的表面饰有光滑的瓷砖和彩色的盾形图案。

清真寺祭坛的主体建筑让人联想到帖木儿时代的建筑风格。

入口后面的房间由一组简单而优雅的几何形状组成。立方棱柱是建筑物的主体，其边长为 14.6 米。它的上方是一个八角棱柱，由沿着房间墙壁延伸的拱门组成。

圆顶的圆形底座饰有绿松石瓷砖，上面写着古兰经的经文。它的前部也铺有彩瓦，与主立面一样，内衬砖块，琉璃彩砖垂直铺设。主要图案由透明的闪亮砖制成，其间隙用青砖和白色石头填充。简单的几何形状和与常春藤交织在一起的铭文是建筑物装饰的一部分。

清真寺高尖塔的水平面被小的四边形招牌隔开。几何形状和植物图案装饰面板。它们是用铆接和瓷砖制成的。步行墙的表面覆盖着切割过的瓷砖。

这些瓷砖（尤其是蓝色的）像透明玻璃一样闪闪发光。清真寺旁边的两座小建筑，虽然大多是祭坛的复制品，但以其简单的图案和阳光明媚的圆顶而闻名。在清真寺的内部装饰中，广泛使用了镀金墙纸。

最近，帖木儿清真寺进行了大量修复。清真寺的前大门廊、围绕清真寺建筑的高墙、两个小圆顶和尖塔、一个内部大圆顶和一个大门廊都得到了修复，所有的瓷砖图案也都得到了修复。

帖木儿陵墓

今天，全世界都知道帖木儿的陵墓。这座建筑不仅被称为帖木儿的最后避难所，而且是一座独特而罕见的建筑纪念碑。这座陵墓于1404年由帖木儿下令开始修建，并在兀鲁伯时期完成。

陵墓位于撒马尔罕西南部，靠近14世纪末帖木儿的孙子穆罕默德·苏尔丹修建的神学院。

穆罕默德·苏尔丹于1403年在小亚细亚的一次军事行动中突发疾病去世。王子的尸体被带到撒马尔罕，葬在建筑群南侧门廊后面的坟墓里。帖木儿下令为他建造一座陵墓。然后在墓穴上建造了一座八角形建筑。帖木儿死后，沙鲁赫将首都搬到赫拉特，并任命他的儿子兀鲁伯为撒马尔罕的统治者。

帖木儿陵墓　　　　　　　　　　帖木儿葬在导师脚下

为了尊重他的祖父，兀鲁伯把这座八角形陵墓变成了帖木儿王朝的陵园。

陵墓建成后，帖木儿的精神导师埃米尔·帖木儿·赛义德·巴拉克的遗体被移到陵墓中安葬。据报道，帖木儿留下遗嘱将他葬在他的精神导师脚下。这座陵墓埋葬了米隆沙赫、沙鲁赫、兀鲁伯、阿卜杜拉和阿布杜拉赫曼以及谢赫·赛义德·奥马尔。

在里面，兀鲁伯对建筑进行了重新装饰，隐藏的墓室入口都用雕刻的大理石栅栏围起来。自1424年以来，陵墓的入口一直通过东侧的多穹顶画廊进入。

陵墓西侧和南侧巨大建筑的修复工作尚未完成，与兀鲁伯统治的最后几年有关。

只有穆罕默德·苏尔丹建筑群的正面幸存下来。立面的每一个细节都精益求精。瓷砖之间写着建造这座建筑的人的名字——穆罕默德·伊本·马哈茂德，还有一句圣训："天堂的宗教属于纯洁者。"在墙壁的装饰中，主要的地方是几何形状的优雅构图——长颈鹿。圆顶使用了铜、青金石和金画。

在沙俄帝国占领期间，陵墓的大门被盗。帖木儿陵墓的大门之一被保存在伦敦，而其他的则在冬宫。帖木儿的戒指则被保存在美国大都会艺术博物馆（纽约）。

院子东侧的墙后是穆罕默德·苏尔丹伊斯兰学校的遗迹。两层楼的建筑围绕着一个方形的庭院而建。

在伊斯兰教学校的角落，有学生用的圆顶教室。陵墓的墙壁上覆盖着蓝色、通风和白色的琉璃瓦，这些瓷砖呈几何形排列，并带有阿拉伯文字。

圆顶底部直径15米，周长12.5米。从墓穴到圆顶顶端有36米。由于穹顶更多地使用了透明的琉璃瓦，光线从这种透明穹顶弯曲的肋骨上溢出而闪闪发光，仿佛是悬在半空中。圆顶顶部覆盖着神秘的瓷砖。穆卡纳斯也有这种瓷砖的美丽图案。

陵墓的外部圆顶——第二个圆顶安装在纪念碑的顶部，以使纪念碑的外观更健康，陵墓内部气候温和。

这座建筑有多大，可以从西侧看出来。大厅里有四盏吊灯。拱门宽10米，两侧有一条走廊。两层楼高的双圆顶建筑的入口从走廊的北侧进入，从南侧进入画廊。通过这个画廊可以进入帖木儿陵墓。

庭院周围的墙壁被两层装饰拱门隔开。院子的外角有四座塔。随着升高而变薄的尖塔装饰得很华美。

在每一排瓷砖上放置相同数量的瓷砖，当它们上升并到达顶点时收缩。

兀鲁伯时代为陵墓入口而建造的门的侧面和顶部装饰精美。门上挂着一块石板，上面写着："这是和平苏丹埃米尔·帖木儿·库拉贡的坟墓……"这块石板现在存放在冬宫。陵墓装饰得很时尚，墙上有一块蓝色透明玛瑙石碑。玛瑙的接缝用蓝色的石头装饰。

比比哈内姆建筑群

光线从镶有彩色玻璃的格子窗子里透入陵墓。

陵墓中央的墓穴上有献给帖木儿的铭文。在帖木儿的墓上安放了一块深绿色的玉石。1740年，当伊朗国王纳迪尔沙阿征服布哈拉汗国时，沙阿将帖木儿墓上方的一块石头运回马什哈德，但很快就恢复了瓷砖的位置，弥合了缝隙。

陵墓东侧拱门的楼梯可以通向墓穴的地下室。

一楼的天花板有十二个斜面，内部装饰非常简单。按照顶层帖木儿墓穴的顺序，每个墓穴都覆盖着大理石。

萨拉伊穆尔卡努姆陵墓

在撒马尔罕的古老部分，在帖木儿清真寺的南侧，还有一座建于六个世纪前的纪念建筑。

在这座纪念建筑的内部是帖木儿心爱的妻子萨拉伊穆尔卡努姆·比比·哈内姆的坟墓。

比比·哈内姆陵墓在建造时非常豪华和雄伟，墙壁上装饰着五颜六色的瓷砖、图案和古兰经铭文。与古尔-埃米尔一样，陵墓的内部结构是分两层的，底部是坟墓，上面部分是庄严的殿堂。陵墓穹顶倒塌后，由于雨雪的侵蚀，坟茔的顶部也塌陷了。这座陵墓中的主人被安放在大理石制成的石棺中。陵墓的灵堂中放着象征性的石棺椁，真正盛放遗体的棺椁被深深地埋在地下的萨甘（阿拉伯语：坟茔，墓葬）里，萨甘顶部塌陷后，墓碑就只能放置在架子上。

在陵墓的东侧架子上，有三块大理石墓碑。最大的石头墓埋葬着比比·哈内姆，帖木儿心爱的妻子。比比·哈内姆是喀山的女儿，据推测，她于1341年出生在现在的卡什卡达里亚绿洲的赞吉萨雷。成年后，她嫁给了埃米尔·哈扎甘的孙子埃米尔·侯赛因。1370年，在埃米尔·侯赛因被胡塔隆的埃米尔·凯胡斯拉夫谋杀后，帖木儿娶了比比·哈内姆。由于她是可汗的女儿，故被封为王后。

人们保存着关于比比·哈内姆的美丽、智慧、品味和宽广心灵的传说。一位诗人在谈到比比·哈内姆的美丽时写道："很难用语言表达她的美丽，因为她比任何美丽的语言都更美丽。"

帖木儿高度评价比比·哈内姆的智慧和善良，并将帖木儿王子的教育托付给聪明的王后。大自然母亲没有给比比·哈内姆成为母亲的幸福，但她把所有的爱都给了她心爱的孙子，如兀鲁伯、穆罕默德·苏尔丹和哈利勒苏丹。比比·哈内姆出资在撒马尔罕建造了一座宏伟的神学院，惠及科学家、诗人和建筑师。

现在，比比·哈内姆永久安息的陵墓被修复并恢复到原来的状态。

谢赫·静达陵园

谢赫·静达陵园

谢赫·静达，即"永生之王"，在我们祖先的历史和命运中占有特殊的地位。它位于旧撒马尔罕的南部，是圣地之一。

谢赫·静达的名字源于一个人，库萨姆·伊本·阿巴斯。虔诚的信徒、先知穆罕默德的堂弟库萨姆·伊本·阿巴斯来撒马尔罕传教，被异教徒杀害。当年穆罕默德去世后，库萨姆是参与为他（穆罕默德）做逝后净身洗礼和祈祷的成员之一，当时库萨姆只有8岁。

库萨姆·伊本·阿巴斯是呼罗珊麦加的总督。他在图兰传播伊斯兰教。这个过程，正如我们在前面看到的，遇到了我们祖先强烈而持久的抵抗。677年，库萨姆在撒马尔罕的一个祈祷大厅被枪杀，葬在博努诺贾公墓的一个洞穴旁。

今天，谢赫·静达已经成为全世界穆斯林朝圣的地方。该建筑群的大多数建筑都是陵墓，建在皇室成员的坟墓上。11世纪末，第一个陵墓群被建筑在这里。库萨姆·伊本·阿巴斯陵墓就是其中之一。附近有一座清真寺，上面装饰着木雕图案。1219年蒙古入侵后，阿芙罗西亚普的生活停止了。第一批陵墓逐渐被毁。在帖木儿统治时期，他的近亲和将军们在库萨姆·伊本·阿巴斯的坟墓周围为自己修建了陵墓。

谢赫·静达陵园以其独特的街道和雄伟的建筑吸引了游客。

这个著名的撒马尔罕系列陵墓建筑群是独一无二的，无与伦比的，可以媲美世界七大奇迹，如埃及金字塔和泰姬陵。

13世纪蒙古征服者对撒马尔罕的军事行动导致11—12世纪的许多建筑遭到破坏。墓地在14世纪得到修复。

在帖木儿统治时期（1370—1405），建筑工程进展非常迅速。这些建筑大多保存至今。这个建筑群从阿芙罗西亚普北部延伸到城墙南部。

一些达摩（地穴）建在11—12世纪陵墓的废墟上。15世纪，沿着霍吉·艾哈迈达陵墓和哈兹拉特·希兹尔清真寺修建了建筑物。帖木儿时期的建筑进一步丰富了新的装饰方法——雕刻瓷砖。陵墓建为两个，外穹顶和内穹顶，高圆柱形圆筒。

谢赫·静达陵园由三部分组成。通过巨大的雕刻大门进入建筑群。入口的西墙上写着，它是由阿布杜拉齐兹·巴哈迪尔·伊本·兀鲁伯贝克·伊本·沙鲁赫·伊本·帖木儿于回历838年（1434—1435）建造的。

当你观察建筑群和早期建筑的遗迹时，可以注意到艺术装饰内容和装饰的方法发生了变化。

教堂的右边，一个小院子里有一所神学院，由总督（霍基姆）达夫拉特·库什贝吉于回历1228年（1812—1813）建造。左侧是为纪念埃米尔·侯赛因的母亲而建造的夏季清真寺，它是由撒马尔罕的穆罕默德·西迪克和阿布杜·扎希德在1910—1911年建造的。这座纪念建筑展示了19世纪和20世纪大师们的品位和艺术技巧。在清真寺后面，在山的左侧，是一座两居室的高陵墓，上面有蓝色圆顶（15世纪中叶）。

谢赫·静达陵园的双头陵墓是帖木儿时代建筑的完美典范。它有两个相连的四边形房间，一个大房间（圣所）和一个小房间（坟墓）。墓地里有一块墓碑，下面是达玛。四个圆顶俯瞰着广场。圆顶和山墙有多层木耳。墙壁上装饰着鲜花，但花纹部分保留下来。这座双头陵墓笼罩着神秘的面纱，至今成谜，引起了研究人员的大量争议。

谢赫·静达陵园的第二部分从四十级楼梯开始，进入一个充满神秘的中世纪走廊。楼梯的宽度是5米。这里的建筑体现出完全不同的时代的生活特征。

这里不是神社，而是宗教思想的世界；不是坟墓，而是埋藏的奥秘。在圣人的殿堂里，完全不同的场景在等着你，带你远离当今生活的烦恼，完全进入中世纪建筑的世界，装饰精美的奇特图案，陵墓瓷砖上的颜色已经褪去。这一切都让来访的游客爱上了它。这座陵墓碑是为埃米尔·侯赛因和他的母亲建造的，采用了最精致的建筑风格。因为埃米尔·侯赛因是战略意义上最强大的指挥官之一。帖木儿为纪念他们建造了宏伟的建筑，并将他们埋葬在这里。陵墓雍容华美，凸显了书法家的功力。陵墓始建于1376年，至今已多次修复。

入口大门建于1911年，装饰和铭文吸引了人们的注意。

门上写着"临死前悔改，在时间过去之前赶快祈祷"。

沙迪-穆利克陵墓

建于1372年，是帖木儿统治时期在谢赫·静达建造的第一座建筑。帖木儿的侄女沙迪-穆利克·阿加11岁时去世。

这座建筑是帖木儿的妹妹图尔孔·阿戈为纪念已故的女儿而建造的。1383年，她女儿被埋葬在这里。

陵墓入口处的铭文是为了表达对早逝女儿的悲痛："幸福的宝藏埋在花园里；这个坟墓里藏着一颗珍贵的珍珠，在那里她找到了柏树的庇护。在这些死者中，虽然他的戒指上有权力的印记，但像所罗门这样的人却消失了。"

据报道，这座建筑的设计师和建筑师是扎伊尼丁和巴赫里丁。陵墓的内部装饰更加豪华。它也被认为是谢赫·静达陵园中最美丽的花。

图格利·特金陵墓

下一个葬在这个圣地的是埃米尔·侯赛因。回历777年的日期刻在萨贡陵墓的正面。我们在石碑上读到以下文字："愿安拉将他的儿子埃米尔·侯赛因送到他的天堂，他以幸福的埃米尔的外表出生在这个世界上。回历777年的一个月中，他死于痛苦。"

埃米尔·侯赛因是帖木儿的主要追随者之一，1376年，他在伊犁河上游的乌奇吐尔丰地区与蒙古可汗卡马里丁的一场战斗中阵亡。他在谢赫·静达的陵墓门上刻着以下文字："即使我的门户屋顶到达穆什塔里（木星），这个世界的毒药——死亡仍是不可避免的。我们的弟兄们在这黑暗的坟墓里，我只希望上帝的怜悯。"

这块墓碑上的悼词证实了这个世界的不永恒："月下没有永恒的东西，无论是伟大的还是渺小的，都将投身于尘埃中，一律平等。"这些话使每个人都有所警悟。据史料记载，将军的母亲图格利·特金也被葬在这座陵墓里。

埃米尔扎德陵墓

著名的历史名胜再次考验大师。因为在这座建筑的建造过程中，珐琅器被用于建筑。军事领袖埃米尔扎德和他的七名贵族被埋葬在这座陵墓中。只有他去世的年份，1386年，写在门户上。在这座陵墓中，饰面的制作水平更高——它的主要位置是用彩色珐琅制作的。

建筑内部也以独特的风格装饰。在最近的翻新修复后，陵墓的魅力更甚。许多发现的历史和考古研究表明，这座纪念碑是帖木儿时代最美丽的建筑之一。

希里贝克·阿戈陵墓

这座宏伟的建筑是为纪念帖木儿的妹妹希里贝克·阿戈而建造的，拱门上写着死者的死亡年份1385年。她去世时，国家宣布为哀悼日。帖木儿为他的妹妹建造了一座大陵墓。

这座陵墓采用了不同颜色的雕刻拼接马赛克，突出了装饰物的美丽。它的装饰在艺术风格上与其他陵墓不同，屋顶覆盖着优雅的马赛克。纪念碑的圆顶部分用精致的瓷砖装饰。这座建筑的内部装饰采用独特的风格，带有镀金植物装饰的墙壁图案。从内部的圆顶到底部，古兰经中的文字被完全修复。碑文上装饰着精致的金色装饰物。

陵墓的面板部分用六角蓝色瓷砖装饰得很优雅。为了给室内提供光线，窗户的上部装有彩色玻璃格栅。

来自古兰经和先知穆罕默德（愿主福安之）的圣训的例子都写在墙上的装饰品上。由于修缮工作到位，陵墓得以屹立不倒。

在1964—1965年的考古发掘中，在希里贝克·阿戈陵墓的北立面发现了两座陵墓的遗迹，这两座陵墓建于14世纪中叶。大楼第二部分的大厅用抛光的陶瓷装饰。

陵墓有三个地下室，其艺术吸引了人们的注意。

不幸的是，损坏的记录中没有历史资料。这就是为什么不清楚陵墓是为谁建造的。后来它被修复并向游客开放。1966年，在陵墓的北面又发现了13世纪下半叶两座建筑的遗迹，其中一个遗迹有一个有盖门廊和一个花园。

八角形陵墓

在这些陵墓中，有一座八角形的陵墓，装饰简单，被认为是独特的建筑典范。其侧面的开放性和穹顶的内部以其清晰天体的象征而著称。陵墓里有四位贵族妇女的坟墓。这座建筑丰富的装饰预示着是帖木儿家族的墓葬地。

在随后的修复过程中，它的圆顶部分得到了修复。圣训被写在开放式拱门的鼓膜上。在建筑物的内部，墙壁上独特的镀金图案在古兰经中得到了积极的体现。扩大了陵墓的院落部分，对温室内的埋葬工艺进行了开放和研究。埋在木制棺材中的人的骨头遗骸是获得有关某些物体、它们的种族和组成的视觉信息的一个因素。

其中八扇敞开的门类似于穆斯林想象中的天堂之门，这是根据先知穆罕默德的圣训，"天堂在母亲的脚下"。它的内部有简单的图案。在精美的标本中，写有古兰经的特殊章节。1963年在八角陵墓北侧发现两座陵墓遗迹，保留了砖墙和雕刻墓碑的遗迹。

阿里·纳萨菲大师陵墓

这座建筑是以各种风格建造的陵墓。14世纪60年代和70年代，卡尔希·阿里·纳萨菲大师使用了几何图案。这座建筑的正面和内部都用库菲文字巧妙地装饰着。它通常被称为"花陵墓"，因为它的内外墙装饰着五颜六色的瓷砖和植物图案。赋予建筑几何形状也是对我们这个词的肯定。它们重叠形成一个八角星座。它的形状装饰着各种各样的图案，镀金和珐琅。在建筑的拐角处有一个拱门，上面覆盖着穆卡纳斯。

顶部的圆顶也是双层的。现在只剩下这个圆顶的地基了。

无名陵墓

这座陵墓建于11世纪下半叶活跃的塔姆戈奇·布格罗汉神学院的

基础上，里面的壁画是镀金的。据史料记载，这座纪念碑被称为乌卢格苏丹贝塔。建筑中使用的精美书法艺术丰富了立面的美丽。

在12世纪，这里有一座装饰华丽的巨大建筑。在中段进行的考古发掘为发现许多古代建筑和各种房间奠定了基础。这反过来又丰富了谢赫·静达综合建筑群的历史。

埃米尔·布伦杜克陵墓

帖木儿对他的指挥官非常细心。这位杰出的将军在他的每一次战役中都作出了贡献。埃米尔·布伦杜克和他的亲属被安葬在同一栋建筑物的杜松棺材中，木乃伊状态。这座建筑的内部和外部都很简单。陵内有墓葬。它的内壁底部装饰着流畅的六角形神秘图案。1963年和1998年，大楼周围进行了大修。这些洞被打开和检查。在被挖掘的坟墓中埋葬的年轻人引起了科学家的注意。死者穿着衣服。目前，他身上的衣服作为应用艺术的独特杰作被保存在撒马尔罕国家博物馆。大楼的入口保持不变。

图曼·阿格陵园

图曼·阿格生于1365年。她的父亲埃米尔·穆萨参加了对帖木儿的战役。帖木儿与图曼·阿格的婚姻标志着他们关系的改善。1378年，为了纪念图曼·阿格，在奥比拉赫马特河上建立了一个美丽的花园，名为"贝希什特之神"。这是帖木儿对图曼·阿格的尊重和崇敬的象征。

图曼·阿格建筑群由陵墓、清真寺、四门圆顶屋组成，建于不同时期。装饰是在15世纪初完成的，确保了它的完整性。

陵墓呈十字形，蓝色圆顶和高基座。内部装饰有明亮的绿色六边形瓷砖和金色饰面。塔尔齐装饰着雕刻的瓷砖、伊斯利米和吉里奇的绘画。碑文由大师谢赫·穆罕默德·伊本·哈吉·班吉尔书写。蓝色、白色和红色的图案与室内装饰中的装饰性绘画相结合。陵墓南面是一座三穹顶清真寺。祭坛上覆盖着鲜艳的铆钉。这些纪念碑位于谢赫·静达建筑群的上部，可通过上部走廊进入。教堂的内部圆顶上装满了穆卡纳斯的圣杯。屋顶用砖和复合瓦覆盖。清真寺入口处的铭文表明，清真寺是为埃米尔·穆萨的女儿图曼·阿格建立的，总面积为 5.7×6 米。

霍吉·艾哈迈达陵墓

这座陵墓被认为是 14 世纪建造的最古老的建筑。陵墓位于走廊尽头，陵墓的正面朝南。这座建筑以谢赫·霍吉·艾哈迈德的名字命名，他对伊斯兰精神和历史作出了巨大贡献。陵墓拱形屋顶具有重要的历史艺术意义。雕刻瓷砖的背景大多是绿松石色，上面用白色颜料写着古兰经的经文。在花饰内部，用小写字母轻轻地写着建筑师法赫·阿里的名字。经文的两面用瓷砖围起来。在 20 世纪初，只有霍吉·艾哈迈德陵墓的歪斜立面幸存下来。因此，陵墓的外墙于 1922 年重建，屋顶部分关闭。1962 年，陵墓的正面被拉直和加固。

对建筑的地基部分进行考古发掘时发现了一个 12 米长的洞穴。陵墓的正面和上穹顶被修复，前门由纳斯鲁洛大师重新放置。

库特卢格·阿戈陵墓

库特卢格·阿戈陵墓正面铭文的遗迹表明，陵墓建于回历 762 年（1360—1361）。铭文表明陵墓是为贵族建造的。大厅里有一个男孩的坟墓。陵墓的正面和内部装饰用雕刻的瓷砖，陵墓的建筑师是霍吉·艾哈迈德建。

库萨姆·伊本·阿巴斯陵墓

北部的查塔克（一座有四个拱门的圆顶建筑）通向该建筑群。入口上方有一块巨大的马赛克四边形面板，上面刻有铭文："阿拉伯、哈希姆、麦加、麦地那的先知说，你好，库萨姆·伊本·阿巴斯在外表和性格上比任何人都更像我。"在查塔克的东侧，一扇来自卡拉加奇的门，上面有双层雕刻图案。这扇门是由赛义德·优素福·谢罗齐在帖木儿的命令下于1404—1405年建造的。门上的图案独一无二，阿拉伯铭文是用象牙装饰的。两个门的顶部有一个铭文，右边的铭文写着"天堂之门向信徒敞开"，左边写着："对仁慈的人有永恒的仁慈。"

门后是11世纪的尖塔。尖塔底座的饰面由一套11世纪典型的花纹磨砖制成。尖塔内部有一个楼梯。走廊通向一座建于11世纪的清真寺。这座陵墓是在一座建于12世纪的建筑的遗迹上建造的。墙壁和壁龛的底部用釉面瓷砖装饰。

西侧有一个小房间与希尔汗（古尔霍纳）相邻。下面是奇拉哈纳（四十天禁食的房间）。11世纪末的遗迹保存在北墙上，并在20世纪60年代的研究中被发现。

这里保存着蒙古入侵前修建的清真寺的木制碎片。这些木雕制品是卡拉哈尼德时代独特的遗迹。圣殿建于14世纪30年代。回历735年（1334—1335）的日期写在八角形部分的西南侧，那里是墙的圆顶。

库萨姆·伊本·阿巴斯的陵墓上装饰着帖木儿时代的瓷砖，陵墓上以漂亮的书法写着古兰经中的一句话："你不要认为那些为真主的道路而被杀的人已经死了。不，他们还活着！"墓碑上写着库萨姆·伊本·阿巴斯的死亡日期——回历57年（676—677）。建筑群的所有房间都已恢复到原来的状态，由合格的工匠进行了翻修。令人惊叹的图案和装饰品装饰着墙壁，向全世界展示了我国人民伟大的艺术典范。

通过南墙的木栅栏，可以看到库萨姆·伊本·阿巴斯的陵墓。希尔哈纳是在11世纪与陵墓同时建造的。20世纪80年代，一座新的墓碑被安放在坟墓上。古兰经的经文是用金子写的。

谢赫·静达陵园展示了14世纪初至15世纪中叶众多陵墓的演变。它的大部分可以追溯到11—12世纪，不幸的是，几乎都被摧毁了。

帖木儿王朝与中国

1370年蒙古人对图兰的统治结束，1368年中国人推翻了蒙古元朝，从此开始了明朝（1368—1644）近300年的统治。伟大的帖木儿及其继任者统治乌兹别克斯坦时期的特点是与中国的外交关系广泛发展。帖木儿8次派使节到北京，证明他有兴趣与中国保持稳定的政治关系，这无疑促进了贸易和外交关系的积极发展。

1387年和1389年，使团由马夫洛诺·哈普修斯领导，1388年塔吉·阿丁、1391年沙哈利勒、1392年尼马普丁、1394年和1395年达尔维什（迪利贝希）、1396年阿拉姆·阿尔丁分别为使团负责人。通过使臣，帖木儿向中国皇帝明太祖朱元璋赠送了马、骆驼和许多其他礼物。作为回报，明朝皇帝送来了银器和丝绸。1396年，帖木儿通过他的使臣阿拉姆·阿尔丁写信给明太祖朱元璋，对他的礼物表示感谢。帖木儿王朝统治达一百多年（1370—1507），帖木儿去世后，1415年到1440年，图兰向中国派遣了107个使团，其中以兀鲁伯的名义派出了22个使团。例如，《明史》指出，从1465年到1487年，（图兰）3个使团到达大明。

许多乌兹别克使团由8至10人组成，但也有一些使团由200名商

帖木儿统治时期，乌中外交和贸易关系得以恢复，丝绸之路再次活跃起来

人陪同，他们将马、驴、骆驼、宝石和宝石制品、药用植物和当地生产的商品运到中国。他们从中国进口丝绸、瓷器、茶叶、各种药品和珠宝。在明朝皇帝的礼物中，有一颗名叫卡什的宝石，在维吾尔语中它被称为玉石。例如，根据中国史料记载，撒马尔罕商人不仅在中国京都，而且在其他城市进行贸易。1390年初春撒马尔罕商人沙朱拉·阿里在凉州地区出售了670匹马。当当地统治者向太祖皇帝报告此事时，明太祖要求把商人送到京城。太祖在写给帖木儿的一封信中说，一些撒马尔罕商人在抵达中国并结束业务后，没有返回祖国，而是继续从事贸易、建立家庭和购买住房。

最重要的是明成祖时期的使团。1419年由肖迪·霍乔伊率领，霍贾·吉亚斯·丁·纳卡什和苏尔丹·艾哈迈德陪同，从赫拉特前往中国（明朝），历时两年十个月。这个使团很有意义。霍贾·吉亚斯·丁·纳卡什写了一本旅行日记，这本日记一直流传到今天。

明朝也多次向撒马尔罕派遣使团。1395年，使团长、商人和随行的卫队总共1500人在傅安的率领下从北京抵达撒马尔罕。1397年，中国使团由陈德文率领。

明朝著名外交家陈诚也曾数次出使撒马尔罕。他的第一次出行是在

1414年，第二次是1420年，最后一次是1424年。根据《明史》的记载，使团于1415年、1420年、1432年、1457年、1463年、1483年从北京前往撒马尔罕。1432年使团长是李贵，1457年是马云。

因此，在帖木儿统治时期，乌中外交和贸易关系得以恢复，丝绸之路再次活跃起来。

The
Biography
of
Samarkand

撒马尔罕 传

统治撒马尔罕的最后三个王朝

第六章

帖木儿王朝统治期间是撒马尔罕最繁荣的时期。在19世纪下半叶沙俄入侵之前，撒马尔罕的命运与统治乌兹别克斯坦的下几个王朝有关——昔班尼王朝（1500—1601）、札尼王朝（1601—1756）、曼格特王朝（1756—1920）[另一说法：昔班尼王朝（1500—1599）、阿斯特拉罕王朝（又称"札尼王朝"，1599—1785）、曼格特王朝（又称"海达尔王朝""布哈拉埃米尔国"，1785—1920）]。

在昔班尼王朝统治时期，1501—1533年和1540—1556年，撒马尔罕重新成为王国首都。

撒马尔罕有几十种手工艺：地毯编织、刺绣、压花、鞣制、裁缝、珠宝、细木工、铁匠、儿童摇篮、箱子、鞋子等。

大多数城市居民是工匠，他们在城市的经济生活中发挥了重要作用。农业和手工业密切相关，是经济领域的主要因素。工匠们以农业原料为基础生产各种各样的产品，从而满足了国内外市场的需求。史料记载提供了钢铁厂的活动数据。冶金中的矿石加工，特别是铁、钢，也适用于青铜，是图兰一个相对较新的活动领域。国外对用青铜和铜制成的具有高度艺术性的壶和其他器具有很大的需求。

根据分工不同，工匠们各司其职。还有许多头饰及其组件方面的专家，例如，缝纫大师等。16世纪历史学家法兹鲁洛赫·伊本·鲁兹贝孔列举了水獭皮毛、松鼠和装饰华丽的丝绸服装制成的绗缝夹克。穆罕默德·索利赫在《沙伊博尼诺姆》中描述了穿着白貂皮和松鼠衣服的官员。

在这段时间里，撒马尔罕工匠制作了一种光滑的纸，这样墨水就不会扩散。用撒马尔罕纸写作的手稿一直被保存到今天，比如卡莫利丁·比诺伊的《沙伊博尼诺玛》、法兹鲁洛赫·伊本·鲁兹贝孔的《梅赫蒙诺迈·布霍罗》、梅赫尔·苏尔通霍尼姆的《信任书》等。扎希里丁·穆罕默德·博布尔亲自参观了造纸厂，他承认"撒马尔罕生产的纸张是世界上最好的"。

著名书法家马沙迪·苏尔丹（1432—1520）在他的书法手册中建议用撒马尔罕纸写作。在16世纪，一些纸张被称为"苏尔托尼"。由于其光滑和丝绸质地，也被称为"丝纸"（绢纸）。

造纸大师米尔·易卜拉欣的活动可以追溯到16世纪上半叶。他制作了一种特殊类型的纸，上面有白色花环形状的水印。这种纸被称为米尔·易卜拉欣纸，在全世界都很受欢迎。

撒马尔罕也以生产颜料而闻名。染色厂主要位于市场附近。史料记载，埃米尔佐德·马哈茂德·卡西姆市场上有三家作坊，科哈·穆罕默德·乔普市场上有两家作坊。据悉，阿卜杜拉洪使臣向莫斯科运送了40种颜料。这证明了16世纪撒马尔罕染色工业的发展。

撒马尔罕人拥有杰出的商业头脑，常与伊朗、阿富汗、土耳其、阿拉伯半岛、俄罗斯等国进行贸易。当时，撒马尔罕是中亚最大的贸易中心，有许多酒店和商店。

撒马尔罕市场的位置与15世纪一样。在此期间，撒马尔罕有10多个大大小小的市场。另外还有缝纫师傅、铁匠、绳索销售商、篮子编织工等手工业者的小商品市场。一些市场、清真寺和地区以高级官员的名字命名：保罗·萨非德市场、阿米罗索达·穆罕默德清真寺等。

在昔班尼统治时期，撒马尔罕以面包闻名。据扎希里丁·穆罕默德·博布尔说，16世纪初，撒马尔罕有很好的面包店和食堂。市场附近有旅馆、理发店和公共浴室。

昔班尼王朝进行了教育改革，昔班尼汗亲自负责。改革的目的是培养一批官员，使他们成为社会的栋梁支柱。可汗和苏丹需要有才华、能干和外交能力强的官员。根据改革，采用多级教育制度，小学被视为初级教育，学生从6岁起就接受教育。经过几年的培训，学生们被转移到神学院，在那里实施三级教育，每一项都持续八年。昔班尼特别关注建筑建设。王朝的代表不仅包括王朝成员，而且包括社会的其他杰出代表，都进行了大量的建筑建设。

特别是昔班尼汗在撒马尔罕建造了霍尼亚、阿布·赛义布·卡尔博博、库卡尔多什、梅赫尔·苏尔通霍尼姆神学院等。在昔班尼王朝时期，在朱玛·阿莱卡·库卡尔达沙清真寺（1528）、巴尼·尤文玛达·阿利奥纳清真寺（1574）和卡齐索基神学院修建了大理石基座。在忽春赤统治时期，撒马尔罕的列吉斯坦广场南侧为昔班尼汗修建了一座神学院。20世纪50年代，这所名为Чилдухтарон（意为孩子们）的神学院被摧毁。

撒马尔罕统治者：雅兰图什·巴霍迪尔

在撒马尔罕漫长而丰富的历史中，有许多统治者统治着撒马尔罕。然而，雅兰图什·巴霍迪尔（Ялангтуш Баходира，又译为雅兰吐

雅兰图什·巴霍迪尔

斯·巴哈杜尔）（1578—1656）在城市建筑和艺术保护中的作用是毋庸置疑的。

富有学识、不知疲倦、主动进取的雅兰图什·巴霍迪尔统治撒马尔罕 30 年（1612—1642）。现代历史学家将他描述为继可汗之后第二富有的人，他的财产富可敌国。雅兰图什·巴霍迪尔把他的财富用于建筑和慈善事业。其中最引人注目的、令无数本地和外国游客惊叹不已的建筑是舍尔·多尔神学院和吉利亚·科里神学院。如此，在兀鲁伯倡议下开始的建筑工程由雅兰图什·巴霍迪尔继续进行，新旧建筑交相辉映，浑然一体。

列吉斯坦

"列吉斯坦"意为沙地。根据历史资料和准确的科学证据，可以推测，从这里向东南方向流向西北方向的大运河，由于干旱，自然形成了一个沙地，后来被称为列吉斯坦。

在帖木儿统治时期，中央市场占据了现在的地区。从那时起，撒马尔罕作为科学和手工艺的中心而闻名于世。

来自世界各地的科学家和学者聚集在这里，聚集在兀鲁伯周围。无数的商人、朝圣者前来朝拜谢赫·静达陵园，除了在这座城市思考、工

列吉斯坦建筑群

作外，还购买了著名的撒马尔罕纸和其他稀有商品。

列吉斯坦成了撒马尔罕的贸易和手工业中心。

几个世纪以来，该地区的建筑发生了三次变化。首先，在圆顶下建造了一个封闭的地方（提姆），在那里出售帽子。

在兀鲁伯统治时期，广场被重新规划。该地区由宗教基金出资重建了圆顶下的市场，并在广场的西侧建造了第一座建筑——兀鲁伯神学院。

1424年，在兀鲁伯神学院的对面，即后来的舍尔·多尔神学院所在地，兀鲁伯"库什"风格的修道院建成。

它的正面比兀鲁伯神学院的门廊短。在南面，有一个古老的坟墓——伊玛目穆罕默德·伊本·贾法·萨迪克墓。在神学院宽阔的正面和雄伟的尖塔对面，有一个"独特的巨大穹顶"。在广场的北侧，米尔佐·卡文萨拉在兀鲁伯的命令下建造了一个供旅行者和商人居住的地方。它的设计和外观与现代吉利亚·科里神学院相似。米尔佐大旅店有宽敞的大门，内有一个正方形庭院三面是隔成小房间的两层楼房。

在15世纪30年代，肖赫鲁赫的导师，那个时代的著名代表学者阿莱卡·库卡尔多斯建造了一座大清真寺。它被建成一个规则的四边形

列吉斯坦广场

（约90×60米）形状，靠在砖石基座上，由一个大庭院组成，庭院顶部覆盖着一个圆顶。

它建在兀鲁伯神学院的东侧。这座清真寺与兀鲁伯建造的穆卡塔清真寺相似。清真寺的墙壁是用花纹原木砌成的，因此得名穆卡塔。

在神学院、修道院和住所的西侧，建造了一个名为"米尔佐伊·哈姆"的公共浴室，这个公共浴室不仅在撒马尔罕而且在整个东方都是无与伦比的。《博伯诺玛》一书中记录过关于这个公共浴室的议论："在神学院和修道院的对面建了一个公共浴室，它被称为米尔佐伊·哈姆，在呼罗珊和撒马尔罕都是独一无二的。"在兀鲁伯时代，撒马尔罕成为社会生活中心。在这里，人们建造桥梁，颁布国家命令，并举行全国性的库尔本节和斋月节。即使在现代，列吉斯坦也是城市规划中的完美艺术作品。

舍尔·多尔神学院

雅兰图什·巴霍迪尔在列吉斯坦的东侧建造了一座舍尔·多尔神学院（1619—1636）。

舍尔·多尔神学院与兀鲁伯神学院的结构相似，但它们的建筑布局

舍尔·多尔神学院

不同。它的面积为 70×57 米，即四边形，四周有 52 个房间的两层楼房和院子，门厅一边是讲经堂。然而，这座建筑没有清真寺，西南部的教室变成了一座小清真寺，它与门厅另一边的伊玛目穆罕默德·伊本·贾法·萨迪克陵墓相邻。

神学院正面的尖塔和穹顶与兀鲁伯神学院类似，但正面的后角被尖塔包围。到了 17 世纪，随着地层上升，地面水平比 15 世纪高了约两米。这就是为什么它被建造成兀鲁伯神学院的缩小形式，看起来稍微低一点。舍尔·多尔神学院的建造采用了许多 17 世纪先进的建筑创新技术，加快了建筑过程，降低了成本。花卉的使用和一些面板的精致表现证明了建筑师和画家创造这座建筑的高超技艺。

建筑的表面布满了图案。采用了大量釉砖和雕刻镶嵌工艺品，有古阿拉伯字体和苏尔字体刻的经文，有各种植物图案等，多种元素镶嵌拼接成美丽的图案。它们是撒马尔罕建筑独有的，这些形成了撒马尔罕建筑装饰学派的特色。

正门入口的凹面上，一头镀金的狮子在追逐一只奔跑的白鹿。后面的太阳被描绘成有眼睛的杏仁状的人面圆圈。整个构图以蓝色为基础，用绿松石色和金色颜料绘制，由交错的树枝和绽放的白色花朵组成。这个美丽的形象，被称为"舍尔·多尔"，即"藏狮的"。

庭院的装饰和外墙一样丰富多彩。在学校墙上的铭文中，还写着创建它的著名建筑师的名字——建筑大师阿布杜·贾巴尔和雕刻家兼画家阿瓦扎·撒马尔坎迪。

吉利亚·科里神学院

雅兰图什·巴霍迪尔建造了舍尔·多尔神学院十年后，又在列吉斯坦北部建造了吉利亚·科里神学院（1646—1660），吉利亚·科里意为"镶金的"，三个神学院形成一个美丽的列吉斯坦建筑群。

这座建筑的建筑师将吉利亚·科里神学院融入周围现有建筑的风格，使该区域的所有建筑都成为一个整体。在建筑过程中，必须遵守当时的建筑规则和法律。建筑的正面必须很长才能连接四个侧面。

清真寺应该在伊斯兰学校的总体构成中占据中心位置。然而，建筑师认为没有必要在对称的广场上再多一个中心，这是他设计中的另一个成功之处。吉利亚·科里神学院正面的建筑对应于两个相同的神学院。清真寺位于主轴外，在大庭院的西侧，周围是单层房子。

神学院正面两层楼高的立面确保了巨大而豪华的兀鲁伯和舍尔·多尔神学院的宏伟。为了庭院内部构图的对称性，在每个立面的中间都做了一个舒适的屋顶。入口左侧是一座大清真寺，庭院西面是清真寺巨大

吉利亚·科里神学院

的米哈拉布墙，两侧是穹顶式回廊。清真寺的主房间，甚至大理石地板，都用浮雕和马赛克装饰。

文学成就

17世纪，撒马尔罕文学发展迅速。著名诗人马利霍·穆罕默德·巴德·伊本·穆罕默德·撒马尔坎迪在他的作品《穆扎基尔·阿兹霍布》中引用了这一时期进行创作的200位诗人的名字。值得注意的是，他们中的大多数是撒马尔罕人，许多诗人出生在工匠和商人的家庭。比如书法大师穆罕默德·奥比德·伊本·穆罕默德·佐希德·撒马尔坎迪，商店老板穆因·布霍里，著名诗人和诗歌《鸽子瓦·马特鲁布》的作者、金匠费特拉吉·扎尔杜齐·撒马尔坎迪，商人穆西霍·撒马尔坎迪，磨坊主穆哈米·撒马尔坎迪，染料工扎贝霍·亚胡迪·撒马尔坎迪、杜斯特·穆罕默德·萨德里·撒马尔坎迪、毛洛·穆罕默德·沙伊赫·加里布·撒马尔坎迪、沙伊赫·瓦拉德·撒马尔坎迪、胡达·阿里·伊本·米罗坎、胡扎·米尔肖赫·撒马尔坎迪。值得注意的是，这一时期的杰出文化人物赛义多·纳萨菲（1637—1730）和图尔迪乌斯·法罗吉，他们试图在诗歌中描绘当地勤劳人民的生活。

绘画与戏剧

在札尼王朝时期，撒马尔罕的绘画取得了一些进展。在这一时期，

在札尼王朝时期，撒马尔罕的绘画和戏剧取得了进展

穆罕默德·谢里夫·撒马尔坎迪创作了诗歌《布斯顿》的四个插画之一。穆罕默德·达尔维斯·撒马尔坎迪于1618年创作了四幅微型画。他的作品《够了，泽波·泽瓦尔》是1628年创作的七幅微型画。还有沙罗菲丁·阿里·亚兹迪的作品《扎法诺》。

从17世纪下半叶开始，木偶戏开始广泛发展。木偶戏的表演讽刺了神职人员、法官和行政当局。随着木偶戏的发展，音乐艺术也随之发展，有几十位音乐专家和音乐家。音乐家涵盖了多领域的专家，包括艺术家、诗人和科学家。例如，诗人音乐家比诺伊、霍菲兹·塔尼什、哈桑·安索里、书法家音乐家马哈茂德·伊斯霍克、医生音乐家马夫洛诺·撒马尔坎迪。

前殖民时期的撒马尔罕

在乌兹别克建国历史上的最后一个王朝是曼吉特王朝。19世纪40年代初，撒马尔罕人口增长为2.5万—3万人。虽然后来撒马尔罕不是首都，但仍然是官方加冕典礼的中心。

曼吉特王朝的创始人和第一任统治者穆罕默德·拉希姆汗于1756

年 12 月 12 日前往撒马尔罕登基，建立政治统治。

在这一时期的史料中，这座城市被称为多鲁斯·萨尔塔纳特·撒马尔罕。正如苏菲派宗教人物和历史学家胡穆利在他的作品《塔里希胡穆利》中所叙述的那样，穆罕默德·拉希姆有目的地来到撒马尔罕，坐上库克·托什加冕宝座登上王位。

因此，在位期间，作为布哈拉汗国统治者的穆罕默德·拉希姆汗特别关注撒马尔罕，撒马尔罕在王国中排名第二，仅次于首都。在他的领导下，因战争而被毁坏的达尔贡运河以及城墙都得到了修复。占领希索尔后，穆罕默德·拉希姆汗将数千户人家从这里迁往撒马尔罕。

埃米尔·沙·穆拉德（1785—1800）也为城市的重建和改善作出了重大贡献。他父亲去世后，他于 1785 年 6 月 9 日成为布哈拉的统治者，继续改善撒马尔罕。

19 世纪上半叶，到撒马尔罕坐在库克·托什加冕宝座上的传统仍在继续。埃米尔·海达尔（1800—1826）是沙·穆拉德的儿子，阿什塔哈尼德·阿布勒海尔汗的孙子，被认为是撒马尔罕的伟大统治者。

库克·托什是一块长方形的宝石座，厚 1 俄尺，每一边都是 1.5 沙绳（沙绳或俄丈，是旧的俄制单位，相当于 2.134 米的长度）。这块宝石上覆盖着一块白色的毡垫，统治者坐在上面，宫廷助手将这块毡垫抬起三下。

尽管埃米尔·沙·穆拉德（1785—1799）只在位 15 年，但他在该市建造了许多神学院、清真寺和其他建筑。布哈拉和撒马尔罕曾经空无一人的神学院再次充满了对知识的渴望。特别是，埃米尔·沙·穆拉德亲自参与了撒马尔罕神学院的重建。1795 年，他建造了马德拉赛萨菲德（白色神学院）。

马德拉赛萨菲德（白色神学院）

这座神学院位于撒马尔罕南部，在通往该市苏赞加罗尼地区的一条大路的西侧，这座建筑是用库卡尔多什神学院的建筑材料建造的。根据埃米尔·沙·穆拉德的布置，撒马尔罕的兀鲁伯神学院和舍尔·多尔神学院及堡垒和城墙都得到了重建。同时，乔托克建筑被建造起来——一种拱形穹顶，位于通往谢赫·静达陵墓的台阶上。这座城市的布局是由埃米尔·沙·穆拉德本人设计的。田野和土地都被美化了。

在沙·穆拉德的领导下，建立了24个新的街区，重新安置了东部领土居民。每个神学院和清真寺都有自己的导师穆达里斯、召集穆斯林祈祷的清真寺仆从以及一位由沙·穆拉德本人任命的精神领袖（伊玛目）。在市中心，他建造了一个六边形的"托基·穆萨达斯"。"四门圆顶屋"这个名字来源于圆顶建筑的四个入口。建筑物的墙壁呈棱镜状，有12个角。这座建筑有一个大的中央圆顶和四个小圆顶，位于建筑入口上方。从中央穹顶出发，有六条小路分别通往布哈拉、科里兹戈赫、苏赞加隆、费鲁扎、奥卡宁和海达罗博德的六个城门。撒马尔罕的六个主要城门名字延续了帖木儿时期的命名，在撒马尔罕附近的达赫贝德区的马赫杜米阿扎姆朝圣地也得到了恢复。

在曼吉特王朝统治时期，撒马尔罕的经济出现了增长。穆拉德统治时期，撒马尔罕的经济生活明显恢复。从18世纪中叶到19世纪前的最后25年，撒马尔罕一直是一个主要的手工业和贸易中心。在此期间，撒马尔罕生产了各种各样的丝绸、缎子织物和头巾。在这个时候，一英尺（礼服腰带）的缝纫很流行。据史料记载，在19世纪70年代，仅撒马尔罕就有大约40家从事足部缝纫的企业。

撒马尔罕也因其珠宝商而闻名。他们用银和铜为女性制作珠宝，有时也用黄金制作珠宝，并用宝石装饰她们。珠宝商用银装饰马镫和马鞍。从事相同产品生产的工匠，团结在同一个行业协会中。一般情况下，同一个协会的成员住在城市的同一个街道或街区（马哈里）。于是诞生了珠宝商聚居区、木匠聚居区、陶工聚居区、果汁生产技师聚居区等。在王朝的首都布哈拉，这样的聚居区已经存在了很长时间。

与帖木儿王朝时期一样，撒马尔罕也生产高质量的纸张。匈牙利旅行家赫尔曼·万贝里（1832—1913）于1863年访问了布哈拉和撒马尔罕，在他的作品中他对这里生产的纸张给予了高度评价。

万贝里赞扬撒马尔罕工匠关于马具制造商的活动，他引用了以下信息："撒马尔罕集市出售著名的皮革制品，制作精美的马鞍，其装饰甚至可以给欧洲工匠带来荣耀。"

布哈拉汗国的贸易也蓬勃发展，特别是丝绸和丝绸织物分别从撒马尔罕和布哈拉出口到俄罗斯、印度和其他国家。在18世纪末，来自俄罗斯、中国和印度的各种商品被带到了不同的市场。反过来，从撒马尔罕向这些国家运送纸张、奥拉奇长袍、陶器、干果、卡拉库尔绵羊皮的珍贵卷曲毛皮和马匹等。

19世纪上半叶，国内外贸易急剧增长。商队和商铺数量的增加证明了这一点。撒马尔罕有一些专门的集市，在其他城市是找不到的。例如，史料中提到了桑叶市场。由于桑叶短缺，养蚕者在撒马尔罕专门的集市上购买桑叶和树苗。在舍尔·多尔神学院附近的幼苗市场上，"与其他树木一起，巴尔赫利和霍拉兹米品种的桑树幼苗大量出售。"

因此，到19世纪中叶，撒马尔罕被认为是布哈拉汗国的第二个主要贸易和手工艺中心。据悉，1820年撒马尔罕有5万人居住。而19世纪初，布哈拉汗国约有200万人，首都布哈拉有6万人。

19世纪上半叶，撒马尔罕继续发展科学，这座城市仍然是汗国的主要文化中心。

在此期间，在传统教育机构（如学校和神学院）培养的科学代表对城市舆论和撒马尔罕的文化和社会生活产生了深远影响。

19世纪中叶，撒马尔罕及其周边地区共有155座清真寺和22所伊斯兰教学校。伊斯兰教学校通常教授宗教科学。19世纪撒马尔罕的这些神学院建筑建于15—18世纪，学校的资金来源是宗教基金，例如舍尔·多尔神学院和吉利亚·科里神学院的宗教基金每年为7600苏姆。

虽然撒马尔罕神学院不是靠政府资助而生存的，但政府已经建立了一个严格的控制、管理和维护其活动的机制。这个系统已经完善了几个世纪。

穆达里斯被任命为神学院的校长，监督科目的教学。穆达里斯教高年级学生，他的助手教低年级学生。穆达里斯只负责神学院的教育过程，无权干涉宗教财产的分配，只能向穆塔瓦利提供有关神学院需要的信息。

课程的基础是伊斯兰教法学和阿拉伯语语法。除了宗教科学，这里还教授哲学、几何学、数学、地理、医学等。

9世纪，撒马尔罕在宣传阿利舍尔·纳沃伊的作品方面发挥了重要作用。1824年至1825年，书法家米尔·阿卜杜勒哈伊将诗人的作品

《哈佐伊努尔·马奥尼》改编成东方风格。另一位书法家毛拉·穆基姆洪在 1849 年至 1850 年重写了阿利舍尔·纳沃伊的《哈姆萨》。

阿利舍尔·纳沃伊的著名作品《马赫布布·乌尔·库鲁布》和《查霍尔·德文》也在 19 世纪上半叶被重新出版（复制）并在读者中广泛流传。还有马什拉布、胡瓦多、赛卡利、沙夫基、阿米里·戈伊比的作品也得到再版。

稀有手稿的收集和复制也可以追溯到 19 世纪上半叶。书法家阿布杜扎博尔·奈曼·撒马尔坎迪重新抄写了阿布·哈尼法的作品《伟大的法律》（"伟大的法律学"），阿布法兹·撒马尔坎迪改写了米尔扎·库尔本·希罗米的史诗《乔尔·达尔维斯》。其他书法家还有：毛拉·米尔扎·穆罕默德·奥胡纳·伊本·奥丁·穆罕默德·撒马尔坎迪、毛拉·赛义德·阿卜杜勒瓦霍巴·撒马尔坎迪、穆罕默德·努里丁·伊本·穆罕默德、奥利玛·撒马尔坎迪、穆罕默德·罗菲·伊本·沙伊赫·穆罕默德·索利赫·撒马尔坎迪、穆罕默德·优素福·撒马尔坎迪、穆罕默德·耶库巴·撒马尔坎迪，等等。

撒马尔罕人在中国

在现代中国，撒拉人是信奉伊斯兰教的民族之一。据说，撒拉人的数量达到了 10 万。

撒拉人主要生活在青海省循化县。一小部分撒拉人生活在甘肃和新疆。撒拉人讲突厥语，方言接近乌兹别克语和维吾尔语，更符合乌古斯方言。

现代撒拉语借用了很多汉语词汇，其术语层主要是汉语词汇。撒拉人精通中文，他们用中文做生意。以阿拉伯文字为基础并由他们在撒马尔罕的祖先使用的本土文字，仅在宗教阅读和仪式中被撒拉人使用。

　　居住在中国的现代撒拉人的生活中，保留了突厥人的传统和仪式，与乌兹别克人的风俗习惯尤为相似。因此，与后者一样，撒拉人有在房屋周围种植果树和果园的习惯，特别注意建造清真寺。仅循化地区就建成大小清真寺79座。这是撒拉族穆斯林坚定的宗教信仰的结果。他们努力严格执行穆斯林的五项强制性宗教命令：相信一个神和先知穆罕默德，背诵祈祷文，为需要的人提供物质援助，遵守禁食规定。30天的穆斯林斋月，尽可能多地前往麦加，并广泛庆祝鲁兹—海特和库尔班—海特的宗教节日。

　　男人戴黑色和白色的绣花尖顶小圆帽。年轻人在白衬衫上穿上背心（无袖），戴上红色腰带。女孩们穿着宽大的红布连衣裙和黑色无袖上衣走路。女性服装也有必备头饰——绣花尖顶小圆帽。已婚妇女戴头巾，遮住头发、脖子和手。年轻女性佩戴绿色头巾，中年女性佩戴黑色头巾，老年女性（50岁以上）佩戴白色头巾。几乎所有的女人都戴耳环。

　　婚姻分大与小仪式（订婚是小仪式，结婚是大仪式），从订婚开始。即使是现代的婚礼也离不开尼基仪式。葬礼的仪式与乌兹别克人相似。

　　自古以来，撒拉人就从事农业和畜牧业。贸易、林业、园艺、黄金开采和手工艺品也在他们的生活中占有重要地位。由于中国文化的强烈影响，撒拉人的生活，特别是他们的服装，最近出现了许多创新，但对民族传统的承诺是严格的。

　　撒拉人保存了大量的传说，通过几代人的口口相传流传了几个世纪。其中有一个故事说，大约600或700年前，六位（有时是八位）兄弟住在撒马尔罕，他们与当地的神职人员代表发生了严重的纠纷。兄弟们被迫离开故土向东进发。另一个版本则说，两兄弟住在撒马尔罕——加尔曼（可能是哈尔穆罗德）和阿赫曼（可能是拉赫曼或阿卜杜拉赫曼），两人都是贵族，但不受当地政府欢迎。兄弟俩为了避免麻烦，免除担忧，就离开撒马尔罕，带着18名近亲向东走，给一头白骆驼装上食物，带上《古兰经》，从他们的家乡带走了一把泥土。

带到循化的《古兰经》被认为是最早的抄本之一。撒拉人将它视为他们的瑰宝，一座无价的神殿，仅在斋戒和穆斯林节日期间开放。《古兰经》由867页皮革装订的页面组成。每页尺寸为43×32.5厘米。每页包含15行文本。每节经文的标题都是用鎏金墨水书写的。1954年，撒拉《古兰经》被带到叙利亚，并在国际古代文化古迹展览中展出。展览的结果是，它被认为是这本圣书的稀有手抄本之一。

在这些兄弟离开撒马尔罕一段时间后，又有45个部落成员跟随他们。兄弟俩沿着唐格丽塔（潭山）北麓，途经嘉峪关、凉州、宁夏，到达陕西省，沿库库诺尔湖南岸前往青海地区。在甘肃省的甘家滩地区逗留了一段时间，他们的部落同胞也沿着唐格里塔（天山）的南侧到达了这里。相遇后，他们决定找一个与他们家乡相似的地方定居。他们继续向东旅行。圆珠沟区（今贵德县）留下12人。其余的人到达位于青海省东部的循化地区，定居在一个叫积石山县的地方。

一些关于重新安置的撒拉族传说在细节上有些不同，但它们被一个共同的历史情节联系在一起：几个来自撒马尔罕的家庭被迫离开家园，前往异国他乡。循化区四面环山，东西90公里，南北40公里，总面积2100平方公里，植被丰富，得益于穿越该地区的黄河支流之一，该地区的气候非常有利于农业和养牛业。在新的居住地，他们称自己为撒拉人。

相传，1370年5月13日，撒拉人来到积石山县（青海省内）。然而，《明实录》却有消息称，这一天明朝的创始人——明太祖在洪武年间颁布了一项关于接受撒拉人成为公民的特别法令，并任命加里曼圣保德都的孙子为撒拉人的领袖，任命一名移民兄弟的孙子为部落首领，这意味着撒拉人比传说中的日期更早到达了积石山县。

在新的家园，撒拉人开始园艺工作。他们的住宅以种植有大量的果树而著称，他们在房屋周围、道路和小路上种植了这些果树。

根据中国科学家的研究结果，撒拉人是乌古斯部落的后裔。在此期间，乌古斯人居住在南疆境内——唐格里塔山（天山）的山脚下。后来，他们改变了居住地。

撒拉人后来分裂了。一部分人开始称自己为土库曼人，另一部分人在1370—1424年开始经撒马尔罕到南疆，再到中国甘肃、青海省（库库诺尔）。

定居在土库曼斯坦境内的撒拉人成为土库曼民族的一部分。而目前，在查乔地区周边的当地居民中，就有古代撒拉人的代表。

部分西行的撒拉人与乌古兹部落混杂在一起，构成了未来奥斯曼帝国的基础。今天在土耳其，您可以找到具有此名称的地名。在包括塔什干在内的现代乌兹别克斯坦也发现了以民族名称撒拉尔命名的地区、河流和水库。

The
Biography
of
Samarkand

撒马尔罕 传

沙俄帝国征服撒马尔罕期间

第七章

19世纪中叶，沙俄帝国决心征服土耳其斯坦（土耳其斯坦总督区成立于1867年，首任总督为君士坦丁·P.考夫曼，是沙俄帝国在中亚细亚所建立的两个总督区之一）。1865年，经过残酷的战斗，他们征服了塔什干，接着着手征服在该地区具有重大政治、经济、社会文化意义的撒马尔罕。

1868年5月1日，在撒马尔罕附近的楚帕纳塔镇，K.P.考夫曼率领的俄军与撒马尔罕人民爆发了激烈的战斗。撒马尔罕人民损失惨重，敌人占领了这座城市。仅仅一个月后，顽强的撒马尔罕居民起义。6月1日，由埃米尔·穆扎法尔的长子和王位继承人阿卜杜勒马利克·图拉（1848—1909）率领的军队从沙赫里萨布兹前往撒马尔罕。起义最初由基塔布和沙赫里萨布扎·朱拉贝克（1840—1906）和博博贝克（1833—1898）领导，后来由阿卜杜勒马利克·图拉领导。由于阿卜杜勒马利克·图拉的行动和起义者的勇气，考夫曼放弃了夺取布哈拉的想法，被迫与布哈拉议和。6月23日，《俄罗斯—布哈拉条约》在撒马尔罕签署。根据和平条约，布哈拉酋长国成为沙俄的附庸，撒马尔罕市和该地区接受沙俄帝国的保护。

"新城"和"旧城"

撒马尔罕的"老城区"在行政上没有发生重大变化。和以前一样，这里仍然有一种传统的管理方法——把城市划分为马哈里（大区或县），然后将其划分为古扎拉（街区）。19世纪末20世纪初，撒马尔罕被分为四个主要部分——波伊科博克、卡兰达霍纳、霍贾阿赫罗尔和苏珊加龙。然后，波伊科博克被分成22个街区，卡兰达霍纳被分成20个街区，霍贾阿赫罗尔被分成22个街区，苏珊加龙被分成27个街区。

随着皇权的建立，由于欧洲城市规划和俄罗斯建筑的影响，城市面貌发生了变化，新的工程主题被引入城市建筑。

在欧洲城市规划中，使用了两种方法。其中一个在印度和中国为人所知，是由希波达姆设计的米利塔城市建设项目，被称为"希波达姆方案"。

塔什干、撒马尔罕、安集延等城市的"新城区"正是通过这种方法扩大的。这种做法主要用于在中世纪堡垒遗址上修建军事总督官邸，新大楼前的大片建筑被拆除，从那里可以看到宽敞的街道。

城市新建工程是由城市宗教基金和帝国政府的资金共同出资完成的。

在城市的新建过程中，旧的历史和纪念建筑被摧毁。例如，1868年，位于现在"阿芙罗西亚普酒店"旧址上的库特布查霍杜姆陵墓（努里丁·巴希尔汗的墓葬）被1万吨炸药摧毁。

1875年1月1日，城市的总体规划得到批准。根据规划，撒马尔罕市和土耳其斯坦的其他城市一样，由两个部分组成：旧城和新城。旧城主要部分为31.2公顷，摧毁了这座城市在中世纪建设的防御城墙的西边部分，北部、东部和南部城墙得以保留。位于城墙西南的新城面积为 121 公顷。"新"城市的外观类似于圆弧。

新城修建了行政大楼、兵营、军事仓库、军事和民用建筑、医院、教育机构和文化教育机构（图书馆和剧院）。新城建筑主要为军人和官员服务。

1888 年，开始修建连接撒马尔罕和跨里海地区的铁路。在此期间，车站周围修建了火车站、铁路车间、蒸汽机车站、仓库和铁路工人镇。19 世纪 90 年代末，铁路的修建，使这个城市在很短的时间内发生了巨大的变化。

根据 1892 年 11 月的数据，新城共有住宅 829 栋，非住宅 986 栋。

老城区面积 4473 平方米。旧城区的街道和狭窄街道数量为 166 条，其中 11 条铺有鹅卵石，长 15.5 俄里。

老城区有 4 个大型中心广场：

1. 用石头铺砌的列吉斯坦广场，是市场生活的中心；
2. 比比·哈内姆广场没有铺砌，有一个集市和 3 个面包店；
3. 比比·哈内姆广场对面是一块未铺砌的广场，乃骆驼、牛、羊的交易场所；
4. 城内还有一个稻草市场，位于殖民当局修建的堡垒的南部。

社会生活

19 世纪 70 年代，撒马尔罕大约有 2000 名伊朗人，1897 年的人口普查估计有 1723 名伊朗人。19 世纪 70 年代，撒马尔罕只有 100 名印度人。

自 19 世纪末以来，这座城市的民族构成因欧洲人而增加，主要是在俄罗斯军队中服役的俄罗斯军人和其他欧洲民族。"老城"的主要居民是乌兹别克人、塔吉克人和伊朗人。总人口 25113 人，其中男性 13755 人，女性 11358 人。

到 1893 年该城有 5298 户家庭，26490 名居民。铁路建成后，撒马尔罕的居民人数大大增加。1897 年共有 8337 户人家。这一时期大量的俄罗斯人迁入该市，人口急剧上升。1906 年，11066 户人家共有 66666 人，其中 50692 人住在"老城"。1910 年，撒马尔罕的人口达到 85228 人，其中 15974 人居住在新城，占全市人口的 23%。

宗教信仰方面，大多数人是穆斯林。乌兹别克人和塔吉克人属于逊尼派，伊朗人信奉什叶派教义。当地有 1345 名犹太人，其中 823 人为男性，522 人为女性。他们信奉犹太教，住在犹太区。旧城的犹太区有一座犹太教堂。老城区有 86 座清真寺。

有 13 口井和 205 个池塘为新城供水。撒马尔罕像一片茂密的森林，因为树木丰富，沿着城市的街道，有两排杨树、柏树和其他十几米高的树木。

出租车服务（马车）也在城市的俄罗斯人区建立。此外，该市还提供货运服务。

在"新城"有两个大酒店：北方大饭店和巴黎大饭店，五个小酒店：华沙酒店、法国酒店、圣彼得堡酒店、欧洲酒店、莫斯科酒店。

新城有 12 个图书馆，主要由军事图书馆、公共图书馆和统计图书馆组成。这些图书馆共有约 1 万种图书，向社区成员和临时成员免费开放。

在城市的社会生活中，支付给服务行业的月工资参差不齐。例如，厨师每月挣8—10卢布，他的助手每月挣5—7卢布。20世纪初，撒马尔罕出现了煤油烹饪机。对那些已经适应欧洲生活方式的人来说这种机器很受欢迎。俄罗斯保姆每月挣5—10卢布，当地仆人每月挣6—10卢布，当地马车夫每月挣6—10卢布。女仆的数量非常有限，大多数女仆都是士兵的妻子。

桑拿公共浴室在城市的公共生活中也发挥了重要作用。"老城"总共有7个公共浴室，新城有4个。在"老城"的布哈拉区、科什霍武兹区、烟草市场、埃希克集市，在皮科博克、皮利萨菲德和犹太区都有公共浴室。由于公共浴室不分男女，人们在不同的时间来。例如，女人在星期六来，男人在其他日子来。当公共浴室准备好迎接客人时，会鸣汽笛通知居民们。

在殖民时期，撒马尔罕市建立了俄罗斯居民的医疗服务体系。第一家俄罗斯医院于1872年在撒马尔罕开业，可容纳20人。后来医院扩大到50张病床。在城市的社会生活中，向当地居民特别是妇女提供的医疗服务质量很差。1885年8月，撒马尔罕市成立了妇女和儿童门诊部。

20世纪初，撒马尔罕的各种专家，特别是牙医的私人诊所得到了很好的发展。一些牙医拔除和治疗牙齿，安装金牙和瓷牙。

在城市"新区"建造的文化和教育设施，特别是剧院、博物馆、图书馆、公园和林荫大道，受到俄罗斯官员、士兵、知识分子和海外欧洲人的喜爱，为官员、军人和欧洲人口中有影响力的阶层创造了更好的机会。随着酒厂、商店、咖啡馆和食堂的增加，该市出现了酗酒和赌博等与当地环境格格不入的负面情况。

城市预算分配不公平，资金优先新城建设，剩余资金才用来发展老城区，这对城市生活产生了负面影响。该市的社会和公共中心、集市、神学院、清真寺和商队大多由当地投资者赞助，即他们的个人资金和宗教基金。哈沙尔和古扎尔慈善机构帮助解决了许多问题包括传统的基础设施、公用事业、供水系统等问题。在新城区有现代化的基础设施，俄罗斯居民享受着文明的休闲生活。而当地居民无论是炎热的夏天或寒冷的冬天都只能站在集市广场观看传统的表演。当俄罗斯人在铺满鹅卵石的街道上漫步时，当地人却只能在夏天尘土飞扬、冬天泥泞肮脏的街道上踯躅。这些都代表了撒马尔罕文化在殖民条件下的冲突状态。

撒马尔罕是一座体育之城。1911年，洛钦体育协会成立。协会章程于1911年9月30日经撒马尔罕地区行政协会管理部批准，共6节29条。该协会的目标是通过体育锻炼和"体育大师"的教育来发展其成员。洛钦协会设立了法国摔跤、骑马和骑自行车等项目。协会的经费来自协会会议确定的会费、各组织和私营企业的捐款、资金利息收入，以及组织讲座、演出、音乐会和民间晚会所得款项等。该协会还包括两名非帝国公民（1名德国人和1名中国人）。

手工业和贸易

随着撒马尔罕人社会生活的拓展，他们的经济生活发生了根本性的变化，特别是手工业失去了竞争力。在殖民时期，城市工业和手工业急剧恶化，主要原因是撒马尔罕地区和城市的经济扩张政策以及税收的增加。

1883年撒马尔罕有38个木匠、22个铜匠、38个油漆匠、170个鞋匠、68个铁匠、49个锁匠、18个珠宝匠、5个钟表匠、30个理发店、8个烟草店、1200个地毯编织厂。这些企业雇用了大约3000名工人，年产量为103907卢布。同年，撒马尔罕市有5家伏特加酒厂、2家葡萄酒厂、2家酿酒厂、15家皮革厂、18家铁厂、30家陶器厂、14家蜡烛厂、8家砖厂和145家油厂。这些工厂雇用了677人，年营业总额为239987卢布。与工业产出相比，手工业产出增长缓慢。在工业发展中，数字正好相反。由于撒马尔罕铁路网的通过，该市的经济得到了发展，工业和商业的新方向形成了。1888年，撒马尔罕地区的工厂年营业总额数量为1033573卢布，1905年这个数字达到11469580卢布，1908年达到14843287卢布。

1882年，撒马尔罕县和市生产了33种工艺品。根据其特点，它们可分为以下几类：

矿物加工：陶工、制砖、冶铁、锻造、钳工、铜器；

动物产品加工：皮革、肥皂、蜡烛、丝绸、马鞍、鞋类、香肠；

植物产品加工：酿酒、矿泉水生产、水磨、烘焙和糖果、纺织、烟草生产（嗅探烟草）；

混合生产：当地的糖果店、染色店、珠宝店、钟表店、理发店、出版（印刷）、摄影（摄影师）、俄罗斯服装裁缝、头饰大师、绘画和上釉大师。

从这些信息中可以看出，一些新工种，如摄影、印刷、俄罗斯糖果生产、俄罗斯裁缝等，渐成新的发展趋势。

在撒马尔罕，除了其他手工艺品外，造纸业也得到了发展。1869年，撒马尔罕有16家造纸厂。根据赫尔曼·万贝里的说法，撒马尔罕纸是"用新丝绸制成的……"。帕希诺于1866年在土耳其斯坦旅行，纸张是用棉花制成的。还有观点认为，造纸时使用了旧破布和棉纤维、废

撒马尔罕纸

丝绸和大麻。值得注意的是，环境中可用的原材料已被广泛用于任何产品的制备。在此基础上，可以说撒马尔罕工匠主要用大麻、芦苇、棉花、亚麻纤维和丝绸制作纸张。

撒马尔罕纸有自己独特的水印。这个标志是16世纪米尔·易卜拉欣大师的独特印章。直到最近，这个符号一直作为撒马尔罕纸的象征被保存下来，并被称为"米尔易卜拉欣"。

根据所用原料，主要区分三种撒马尔罕纸。其中一种是由丝绸废料、塔兰迪制成的，其中不添加棉纤维。这种纸非常薄、漂亮、柔软，非常光滑，带有黄色。这种纸被称为"克戈西·阿布里舒米"，即"绢纸"。第二种撒马尔罕纸是半丝纸，以丝绸原料（蚕丝）制成。这种纸叫作尼卡托宁，它很密，铺得很好，用这种纸制成的书很容易翻阅。第三种纸几乎由纯棉制成，在质量和制造方法上稍逊于上述纸。

1869年，撒马尔罕有2414家商店出售各种产品和商品，这无疑表明该市是一个主要的贸易中心。撒马尔罕贸易的另一个特点是贸易不仅在市场和商店进行，而且在摊位上进行。这些摊位更加专业，每个摊位都出售不同类型的产品。

市场占全市1/3的面积。一方面，它从城市的军事要塞延伸到谢赫·静达陵园区，即到塔什干城门；另一方面从市中心一直延伸到卡兰达尔汗和苏珊加龙的大门。根据交易活动的不同，市场分为两种类型：日间市场和大型市场。

根据1868年的资料，在撒马尔罕的35个商行中，只有一个商行从事羊毛贸易。它位于中央市场内，被称为朱萨里。这个商行是毛拉阿里夫博伊的私人财产，由15家商店组成。每个商店都有8件（20公斤）羊毛。此外，位于帖木儿清真寺宗教建筑区内的另外50家商店还出售羊毛制品、混纺织物、皇宫地毯。

在19世纪下半叶，撒马尔罕市有58个商行，由销售各种产品的贸易综合体组成。这些商行是以商品或其创始人的名字命名的。例如，索罗伊·马伊兹（葡萄干）、索罗伊·奥德（面粉）、索罗伊·比林吉麦达（小米）、索罗伊·塔巴克·夫鲁什（烟草）、索罗伊·兰古勃（染料）、索罗伊·什尼（葡萄糖蜜）、索罗伊·奥立佛勃伊、索罗伊·马苏、索罗伊·穆罕默德、索罗伊·卡里巴、朱萨里等。根据档案文件的证明，我们还可以了解有关其规模和服务类型的信息。例如，库什贝吉商行一楼有30个房间，地下室有3个房间和1个仓库，二楼还有30个房间。科什霍武兹区的奥里夫琼博伊商行有45个房间。马苏商行有14个房间和7个商店，穆罕默德·卡里拜商行有26个商店，米斯卡商行有15个商店。

商行的数量和面积证明了该市的快速发展和贸易量。

此外，该市还有50家商店出售从俄罗斯进口的各种产品，394家商店出售季节性产品。在19世纪下半叶，该市有3105个贸易行，贸易不仅在商店里，而且在摊位上都很活跃。

乌兹别克人民自古以来就与印度、中国、伊朗和阿富汗人民保持着密切的贸易关系。在巴尔赫以南10公里处，撒马尔罕市和巴尔赫市之间有一个"撒马尔罕村",这一事实表明撒马尔罕和巴尔赫之间有着牢固的贸易联系。

交易物有茶、珍珠、宝石、颜料（靛蓝）、药用植物、印度丝绸制品、克什米尔花卉印花背心和丝绸头巾、花卉丝绸织物、白色纱布、阿富汗头巾、糖、胡椒、杏仁、染料、种子、地毯、浴袍、袋子、毛毡。此外，还从阿富汗进口了大量的牛。

国内外贸易的发展刺激了生产性农场的发展。

大部分贸易是在"老城"进行的，那里有制成品、茶叶、当地原料、各种产品、食品、出租公寓、公共浴室、理发店和货币兑换处。"老城"的总营业额为134613350卢布。

地区贸易的第三个方向是农村市场贸易。这些市场的大部分贸易是农产品，许多干果从那里被运往俄罗斯的欧洲部分。

由于撒马尔罕贸易的增长，商人的地位有所改善。一批商人把批发贸易掌握在自己手中，主要靠利息生活，他们作为投资者受到帝国法律的保护。这表明帝国的领导层对保护有产阶级的利益并非无动于衷。

1906年，撒马尔罕有13家茶叶批发公司：奥托·沃高、波波夫兄弟、鲍尔、甘辛、普罗霍罗夫、古塞夫、达尼洛夫、沙罗夫斯基、菲拉托夫、卡门斯基兄弟、辛德尔和K.公司、A.库兹涅佐夫批发公司，属于俄罗斯人以及当地犹太人平哈塞夫、穆拉坎多夫、卡兰塔罗夫和伊朗商人里扎耶夫。据报道，撒马尔罕的茶叶贸易由白沙瓦的两家贸易公司经营。当地商人主要从事茶叶和从俄罗斯进口的产品的零售，而俄罗斯和犹太商人则从事这些产品的批发。

由于地理位置便利，靠近边境，撒马尔罕成为该地区最大的茶叶贸易中心。例如，1899年，在沙俄帝国的亚洲部分，总共包装了7816119

普特茶，其中35.4%来自撒马尔罕。继秋明之后，撒马尔罕是沙俄帝国第二大茶叶批发地，也是土耳其斯坦第一大茶叶批发地。

由于铁路建设，沙俄帝国加强了对土耳其斯坦总督区的经济奴役，包括俄罗斯商人对撒马尔罕地区的奴役。由于铁路的开通，商品生产者在工业领域的活动在土耳其斯坦的各个地区得到了巩固和系统化。渐渐地，工业家们试图开办的不是一个或几个，而是许多工厂。城市工业生产的产品和工人数量逐年增加。1893年，该地区51家工业企业雇用了805名工人，这些企业生产了价值3054697卢布的产品。与1892年相比，该地区的工业企业数量有所增加。与棉花有关的工业是产量最多的工业，其次是酿酒业，再其次是食品工业（面粉）。皮革和丝绸制造厂的产量下降，但由于德国工业需求增加，肠加工厂的生产率有所提高。

在接下来的几年里，撒马尔罕的工业企业数量也有所增加。到1900年仅撒马尔罕县的工业企业就有65家，包括：1家砖厂、9家皮革厂和3家肠加工厂、4家伏特加和酒精制品厂、22家葡萄酒厂、1家酿酒厂、11家纯棉厂、5家面粉厂、1家通心粉厂、3家果蔬饮料厂、1家酒精净化厂和啤酒厂、1家棉花加工厂、3家彩色印刷（出版）企业。这些工厂生产了价值3741523卢布的产品，雇用了933名工人。在此期间，该地区87家工业企业雇用了1372名工人，生产了价值6090506卢布的产品。

1905年，全县工业企业总数达到77家，其中：砖厂2家，铅厂1家，皮革制品11家，肠制品2家，白兰地2家，酒精饮料3家，酒精精制1家，葡萄酒22家，啤酒1家，棉纺厂8家，磨坊4家，面食1家，4家水果和蔬菜饮料生产商，13家茶叶包装商，2家彩色印刷（出版）企业。他们的总产量为价值9596770卢布。到1913年，共有117家企业，员工2814人，产量价值10129773卢布。

与整个土耳其斯坦一样，在撒马尔罕，工厂工业的发展是以牺牲农业原材料为代价的。1880年到1892年，轧花厂的数量增加到16家。在此期间，土耳其斯坦成为俄罗斯的主要棉花基地。随后几年，撒马尔罕地区轧棉厂的数量进一步增加，1898年有22家，1908年35家，1913年31家。这些工业企业大多位于撒马尔罕市，因此由于他们的活动速度越来越快，原材料在城市市场上的分配越来越多。

1888年该地区14家工厂中有5家属于当地一位所有者，到1896年，这个当地所有者已经拥有20家工厂中的11家。

帝国官员对该地区所有工业的发展都不感兴趣。特别是在20世纪80年代，雅罗斯拉夫尔一家大型制造厂的所有者在撒马尔罕购买了土地，以建造一家棉纺厂。然而，帝国政府很快以各种借口暂停了这家工厂的建设。

1913年，撒马尔罕股份公司向撒马尔罕州州长提出申请，要求允许修建一家服装厂。

19世纪末20世纪初，外国企业家涌入撒马尔罕市。1893年，意大利人、希腊人和德国人在土耳其斯坦总督的许可下抵达撒马尔罕。意大利人从事砌砖，尼古拉·卡迪尼和乔瓦尼·德托尼建立了自己的石匠作坊。希腊专家格里戈里·卡波建造了一个通心粉生产车间，德国人明德和尤戈维奇建造了一座轧棉厂。19世纪末，包括奥托·沃瓜在内的一批奥地利和撒克逊德国人被邀请到酿酒厂担任专家。奥地利人杜洛和波兰人莱温斯基也在撒马尔罕开设了布店和服装店。

19世纪末，贸易和金融关系的发展导致撒马尔罕出现了银行和商业公司。20世纪初，撒马尔罕市有几家银行：国家银行撒马尔罕分行

沙俄帝国时期修建的铁路

(1890—1918)、莫斯科商业银行撒马尔罕分行（1901—1917)、俄罗斯亚洲银行撒马尔罕分行（1912—1916)、西伯利亚商业银行撒马尔罕分行（1908—1917)。1902—1916年，俄中银行也在该市成功开展业务。1906年5月27日，俄中银行股东大会在撒马尔罕举行，其业绩报表表明了该银行的成功发展。1906年俄中银行就其在巴黎证券交易所的股份正式租赁进行了谈判。由此可以得出结论，这一时期的经济关系是为帝国的需要服务的。

在此期间，修建了737公里长的喀布尔至弗尔内邮政公路，将该市与其他地区连接起来。这条路毗邻塔什干—撒马尔罕公路。在撒马尔罕地区，有博格伦、奥蒙库坦和塔赫塔科拉奇的邮局。此外，还开通了一条从撒马尔罕向西到卡特库尔干、东北经贾巴、奥克提帕和塔斯皮里克通往塔什干的公路。贾巴和奥克提帕车站建于1870年。从撒马尔罕到彭吉肯特、乌尔古特、达赫贝特、切拉克和洛伊什县中心的邮政线路已经开通。1875年，撒马尔罕邮政局有6名雇员。1875年，塔什干、撒马尔罕和布哈拉之间开始修建电报线路，以发展经济。但是现场的服务人员不够。

为了帝国的利益，帝国政府严格控制了该国包括撒马尔罕在内的经

137

济进程的发展。地区和农村行政当局拒绝一些俄罗斯实业家的建议可以证明这一点。不过，在俄罗斯商人的调节下，包括撒马尔罕在内的土耳其斯坦种植的当地原材料和制成品仍然得以远销到欧洲和其他世界市场。

教育体系及其特点

由于中亚领土成为沙俄帝国的殖民附属物，教育领域发生了各种变化。土耳其斯坦总督府成立后，殖民政府完全控制了教育系统。沙俄帝国的殖民行政当局试图使土耳其斯坦现有的传统教育制度及其创新服从其利益，其目的是通过俄罗斯和俄罗斯本土学校促进欧式教育。不同的教育机构同时存在，对社会生活产生了不同的影响。应该说，自19世纪中叶以来，沙俄帝国对教育制度进行了几次改革。它的目的是建立一个统一的系统来管理在帝国领土上建立的教育机构，方便管理和服务于统治圈的利益。

土耳其斯坦总督区的教育政策是根据总督的命令制定的。教育政策的目标是基于不干涉当地人民宗教信仰的原则。第一任总督K.P.考夫曼在整个职业生涯中都致力于教育。沙俄帝国殖民政府最初的政策是不干涉土耳其斯坦总督区的教育机构。在学校里，没有任何实际的努力来促进他们的活动或满足他们的时间要求。土耳其斯坦的俄罗斯人和俄罗斯本土学校有许多缺点。它们也不符合时代的要求。由于帝国当局对该国的教育不感兴趣，他们对贾迪德学校的运营给予了阻挠。

19世纪末20世纪初，撒马尔罕有许多神学院、小学、成人学校、犹太学校、亚美尼亚学校和女子学校。

19世纪下半叶20世纪初,撒马尔罕教育体系中大量的小学在扫除文盲方面发挥了关键作用。教育系统由一名督察和一名县长监督。

学校被认为是穆斯林儿童学习基本识字的教育机构。1895年以来,根据土耳其斯坦总督的法令,只有在政府允许下才能开办当地学校。

学校平均有10—20名学生,有时有50—60名学生。校长的教育水平也是决定学生人数的标准。学校的教育过程以前控制得很差,在沙俄入侵后几乎完全失控。

在汗国时代,学校是普通教育性质的,所有6—8岁的男孩都必须上学。这些工作是由可汗特别任命的校长领导的。没有在规定年龄让孩子上学的父母将被处以罚款。这些罚款后来被取消,入学成为是自愿的,但父母仍然承担教育子女的责任,并尽可能按时送他们上学。K.P.考夫曼总督废除了"主席"的督导制度,导致他们完全失控,教育质量下降。

撒马尔罕的学校位于私人住宅、公共住房和神学院附近。学校的建筑很少。它们主要是由当地社区有名望的长者、富人、僧侣和宗教领袖发起的。还有一些私立学校,通常由业主在家里开办。业主的子女和亲属在这些学校学习。这些学校不是公立的,而是典型的有产阶层设立的,有单独的建筑和房间。

每个街区,甚至是小村庄,都有自己的清真寺,当然还有一所学校。

小学不教授手工艺,不做任何职业教学。在当地居民中,儿童手工艺教育是基于"大师—学徒"的传统。小学主要侧重于宗教科学和扫盲,不向毕业生发放任何正式文件。小学是高等教育的预备阶段。然而，只有少数毕业生能够继续在神学院学习。

在教育过程中使用了适应突厥语和波斯语的阿拉伯语图形。教育过程是通过阅读和学习阿拉伯语进行的。没有关于小学所教科目的具体课程、指导方针或手册。老师根据自己的知识和古老的传统进行教学。到那时，整个土耳其斯坦学校已亟须改革，但俄罗斯殖民政府没有采取任何实际措施来改善教育过程。因为当地学校的危机将导致国家殖民和俄罗斯化政策的更快实施。

穆斯林学校对学生采用"乌苏利·塔哈吉"和"乌苏利·希贾"教学法。这是一种非常古老和复杂的教育方法，在欧洲国家一直使用到18世纪末。这种方法最大的缺点是它非常复杂，学生经常根据声音重复单词，或者盲目地跟着老师朗读，不懂字母。这要花很长的时间和精力。课程按周期进行。掌握古兰经和穆斯林基本知识的学生被认为完成了第一阶段。在下一阶段，根据学生的能力，选用特殊教科书教授课程。在最后一个阶段，教授诗人和神秘主义者的诗集，如苏菲·奥洛约尔、贝迪尔和福祖利。一些学校老师教他们有天赋的学生"科学算术"和阿拉伯语语法。这有助于学生进入神学院。一旦教科书被掌握，学校就开始教授写作。私人培训产生了积极影响。

到学年结束时，学生们学会了写字作文。值得注意的是，本德里科夫错误地断言"公立学校没有教授写作"，而这些学校在其历史时期曾被认为是重要的。小学教育已经消除了文盲现象。小学教育至少持续5年，有时甚至8年。这取决于孩子的天赋。如果学生从6—8岁开始上学，那么他们在13—16岁左右就完成了学业。

为了管理教育部门，设立了一名督学。目前尚不清楚督学是否曾监察学校的课程和考试过程。

帝国行政长官没有从国家预算中为学校提供资金，这意味着他们对这一领域的发展不感兴趣。学校的基础资金来自人民和公众的捐赠，部分来自宗教基金。学校建筑的维护和建造，教师的工资主要由学生家长支付。工资也由双方协议确定。在农村地区，付款不用现金支付，通常是实物支付的（每周提供面粉、大米、肉和面包）。当学生完成一本书的学习时，父母也会给老师送礼物。这种奖励取决于父母的经济状况，已经成为一种传统。

因此，学校主要由清真寺的伊玛目教学。将穆斯林学校一年的学费与沙俄学校的学费进行比较，可以发现巨大的差异。这种情况对当地学校的教育质量产生了不利影响。

他们还向父母收取学校设备的费用，以及其他名目的津贴。一般来说，所有学校都是私立的，只有修道院和神学院有执照。尽管学校积极努力，但学校的物资供应并没有完全满足需求。

撒马尔罕还有一所女子学校。这所学校向当地女孩传授宗教和世俗知识。根据伊斯兰教法，不仅在撒马尔罕，在整个总督区，男孩和女孩都是分开学习的。沙俄殖民政府没有为当地女孩开设单独的小学。因此，少数穆斯林女子学校作为妇女扫盲的主要教育中心发挥作用。

女孩主要在受过教育、有知识的妇女或学校教师的妻子在家开办的学校接受教育。老师被称为"奥提诺伊""奥丁比""比奥比丁""比奥利法"。但"女子学校"的数量是男子学校的几倍。

女教师工资比男教师高，主要是教授生活中需要的知识和技能。

在奥丁比教育下长大的女孩为家庭生活做好了充分的准备，并获得了深入的知识。在某些情况下，"女子学校"是由赞助人资助的。

女孩从5—6岁开始上学，有时从6—8岁开始，课程持续5—8年。"女子学校"的入学人数少于男子学校。

这些课程包括字母表、哈夫提亚克（教2—3年）、乔·基塔布、苏菲·奥尔莫里和《古兰经》。此外，还有生活和教育的课程。"女子学校"学习波斯语、塔吉克语和土耳其语的诗歌。这些学校还教授了包括东方道德文化在内的"塔利米·巴诺特""莫萨拉特赞成""塔比亚里·霍顿"等学科。女孩们从7岁到11岁接受教育，从11岁到15岁接受缝纫训练。"女子学校"的教育项目数量相对有限，主要集中于提供生活中最重要的知识。

在沙俄帝国统治下，由于宗教基金的限制，"女子学校"时常中断。

在19世纪末和20世纪初，撒马尔罕居住着犹太人，犹太人有自己的教育体系和学校。从历史上看，大多数犹太人说他们居住的国家的语言。到1916年，撒马尔罕犹太区有12个犹太社团。

撒马尔罕建立了一个犹太文化中心和一所希伯来语小学。撒马尔罕的犹太学校基本上是宗教教育机构，小学被称为"赫德"，5—6岁的男孩在那里学习4年。这所学校的第二阶段被称为耶希维（或霍姆洛伊霍赫），招收10—11岁的学生。在这个阶段，教授希伯来语，用希伯来字母书写意第绪语、塔吉克语、数学。毕业后，学生们获得了在犹太教堂工作的许可证，成为有权为宗教仪式宰杀动物的人。

截至1911年1月，撒马尔罕地区共有8所犹太学校。到1916年，撒马尔罕三个地区的犹太学校数量已经达到20所，就像穆斯林学校一样，都是在教师和富有且有影响力的犹太人的家中建立的。

犹太学校每天有4个小时的课。在为期一周的24小时课程中，有9小时是俄语，6小时是算术，3小时是宗教研究，2小时是胡斯尼哈特，

2小时是音乐，2小时是劳动教育。在犹太学校里，俄语教学更受重视，主要目的是接近政府。

在撒马尔罕，犹太儿童学校没有达到要求，穆斯林学校的教学楼也是如此。

为低收入家庭的儿童建立了特殊学校——"塔木德律法"。女孩们是在家里长大的。还有三年制的俄罗斯犹太学校，教授俄罗斯文学、数学、地理和历史。

撒马尔罕的犹太人特别重视教育和文化生活的发展。这项工作是通过赞助和捐赠进行的。根据犹太人的教导，他们把收入的十分之一捐给穷人、会堂、墓地和孩子的教育。

在这些学校里，教授母语和宗教历史，以及生活所需的知识，证明了国家维护其数百年的民族特性的愿望。

撒马尔罕神学院

沙俄帝国政府通过了一系列文件，以控制土耳其斯坦神学院的活动。此外，国家高等教育保留了几个世纪以来传统管理的基础。

伊斯兰学校的传统内部管理和活动受到伊斯兰规则的控制。神学院由宗教精英统治。教育系统由统治者自己管理。下一个层次的控制是"卡齐亚"——法官的控制。C.E.本德里科夫指出，在此期间，神学院由法官、伊斯兰教长老管理，教育过程所需经费由国库支付。在私人财产的基础上建立神学院是严格规定的。虽然神学院不是由国家组织的，但它们的活动是由国家控制和管理的。因此，在帝国入侵之前，神学院在土耳其斯坦受到控制。总督考夫曼指出，神学院比国家学校危机更大，因为它们被认为是培养当时知识分子的高等教育机构。根据考夫曼的命令，阿拉姆和穆塔瓦利巴希的职位被取消。伊斯兰学校的毕业生不能担任高级职务。这反过来又损害了国家高等教育体系的声誉。

在颁发开办伊斯兰学校的许可时，首先规定了其中有俄语课程。帝国的管理者建立了对宗教基金的完全控制权。这促进了对伊斯兰教学校的管理并削弱了他们的活动。

1890年，设立地方教育机构的管理和监督监察员职位。帝国政府尽量不给伊斯兰学校的生活带来任何新事物，并反对思想开阔、受过教育、聪明的阶级的出现。这一政策一直持续到最后一任总督在位。在穆斯林神学院，只建立了行政控制，习俗和传统没有改变。

神学院的内部管理由两个部门组成：教育部和家庭服务部。神学院章程的宗教组织文件明确规定了该机构的活动。穆塔瓦利在神学院的管理中占有重要地位，他们管理着神学院的教育过程和财产。所有的神学院都有穆塔瓦利的职位。他出租宗教组织的财产并管理经济部分。

伊斯兰学校的下一个重要成员是宗教基金财产的租户，他们的活动决定了伊斯兰学校的收入。根据租户的收入或收成，为伊斯兰学校分配资金。宗教基金财产的大部分收入都用于维持伊斯兰学校的正常运转。伊斯兰学校的活动是根据宗教组织、各种声明、穆塔瓦利记录、投诉、医学书籍、标签、学生名单和其他文件进行的。伊斯兰教学校的下一个重要职位是穆达里斯（校长），他们主要从事教学活动，是通过选举产生的。1894年通过了"土耳其斯坦地区伊斯兰学校高级教士计划"后，伊斯兰学校教士的地位提高了，这对机构的活动产生了重大影响。他们的选举和批准程序已明确规定：在批准穆达里斯职位的人选之前，要经过严格的审查，首先要选择对政府有利的人。所以俄语教师是穆达里斯职位的主要候选人。渐渐地，在俄罗斯学校工作的忠于政府的人开始被任命为伊斯兰教学校的教士。这直接导致了神学院的俄罗斯化，并使其更接近政府。因此，政府完全控制了伊斯兰学校。撒马尔罕伊斯兰学校的穆达里斯在布哈拉和撒马尔罕的大型伊斯兰学校研究和教学。穆斯林学校的学生被称为塔拉巴或毛拉。1892年至1893年，撒马尔罕共有1006名学生。学生人数在神学院之间不成比例地分配。学校的威望和教学质量决定了学生的数量。一些学生在35岁或40岁之前在神学院学习。这些学生被神学院留任于某些职位上，并被培训为穆达里斯的副手和助手。马德拉斯清真寺的伊玛目负责在学校进行礼拜。理发师通常在一周中的某一天来做他们的工作。清洁工负责神学院的保洁。

《教师活动条例》明确规定了每一阶段的培训期限——7个月，培训期限为10月1日至次年5月1日。神学院的宗教和世俗科目是一起教授的。最初，教育过程是通过"拼写"方法"伊姆洛"进行的，但从10世纪起，神学院开始使用"教学"（评论、辩论、解释）方法"塔德里斯"。学生和进修生除了学习文化课外，还学习各种手工艺。课程每周在撒马尔罕神学院举行四天——周六、周日、周一和周二。这一周的其余时间被分配给独立学习，温习已学部分。星期五，神学院没有上课，因为这是穆斯林通常的休息日。四天的训练是在穆达里斯的指导下进行的，两天的训练是独立的。在斋月期间，在宗教节日和假日期间，没有培训课程。学生们经常受到监视，如果他们犯下违反伊斯兰教法的行为，表现出不道德或无故旷课，他们将被停学70天。在阅读了一些教科书后，学生们参加穆达里萨考试，并进入下一个阶段。神学院的教育分为三个阶段，即初级、中级和高等。通过教育阶段的考试由一个特别的考试委员会进行（按照埃米尔时期的传统，除了穆达里斯和穆塔瓦利之外，委员会还包括老师、督学和神学院所在地区的统治者）。

在学校里，学生可以在老师的指导下完成学业或接受教育。这些机构还根据神学院的具体规则举行入学考试。撒马尔罕神学院在这一时期的教学与发达的中世纪几乎没有区别。在每一个阶段（初级、中级和高等），教学从简单到复杂。最初，学生们学习阿拉伯语。在第一阶段，学生掌握了波斯语和阿拉伯语的简短伊斯兰教法以及阿拉伯语语法。神学院的教育过程主要围绕三个方向进行：伊斯兰教法（伊斯兰宗教法律规范的综合体）、阿拉伯语语言学和教学法。学校有一个科目是数学。然而，数学并没有被完全教授，而只限于与继承权有关的数学知识。感兴趣的学生还可以阅读历史、地理和神圣的藏书。一些毛拉读过阿拉伯、波斯、塔吉克和突厥诗人的著作。他们研究了阿鲁兹的诗歌理论。有学生学习中世纪的医学书籍。伊斯兰学校很少研究的科学包括物理、化学和生物学。撒马尔罕穆达里斯在演讲中批评了神学院的教育过程。从神学院毕业的学生被允许教授《古兰经评论》《先知圣训》《伊斯兰法》，并获得特别文凭。这些文凭被认为是神学院的尊严和权威，后来在雇用毕业生时也被考虑在内。在这一时期，撒马尔罕神学院主要分为两组：中央神学院，培训政府官员和穆斯林；神学院，培训学校教师和清真寺的伊玛目。在撒马尔罕神学院，该行业的财政资源主要是宗教财产。《瓦克夫诺玛》被认为是决定神学院经济和精神水平的文件。该文件提供了有关穆达里斯、学生人数、工资、内部秩序、神学院修复和图书馆书籍的信息。

沙俄帝国政府试图永久控制宗教基金，这是整个地区的巨大收入来源。撒马尔罕神学院从宗教财产中获得的总收入为18372卢布。帝国对土耳其斯坦总督区宗教财产的控制政策始于撒马尔罕市。泽拉夫尚区指挥官A.K.阿布拉莫夫少将完全控制着宗教组织的财产。A.K.阿布拉莫夫根据1874年6月17日第2820号命令，从穆塔瓦利手中夺走了宗教组织的土地，并将其交给了县长。他指示，神学院的部分收入先存入市政府，然后再归还给这些神学院。但存款没有及时归还，而是以各种借口推迟甚至几年都没有归还。

从1878年起，泽拉夫尚地区的所有宗教组织土地正式归帝国当局管辖。宗教组织土地中收入低于100卢布的8%，收入在100至500卢布之间的10%，收入超过500卢布的15%作为税收转入沙俄帝国国库。从这些宗教基金中获得的税收用于建造撒马尔罕市的新城区。

1878年到1884年，神学院的收入主要用于撒马尔罕新城区的建设。从这一点可以清楚地看出，撒马尔罕的新城区不是用沙俄帝国的资金建造的，而是用宗教基金的收入建造的。与土耳其斯坦其他地区相比，撒马尔罕神学院遭受的殖民掠夺最为严重和迅速。

穆达里斯和穆塔瓦利以及在神学院工作的学生领取一定的工资。为学生提供学习和住宿场所、财政支持和各种奖励。这些福利标准也与神学院宗教基金的收入挂钩。

撒马尔罕神学院的学生有以下财务来源：1.宗教基金的收入；2.自己的教学和书法活动；3.父母的财产；4.赞助商的资助。

与小学不同的是，所有的神学院都有自己的教学楼。撒马尔罕的主要神学院有许多宿舍，有拱形建筑、内部和外部庭院，还有清真寺、教室、洗涤场所、图书馆、大门和游泳池。小规模的神学院主要由宿舍组成。每个宿舍可容纳2—4名学生。它由三个部分组成：卧室、学习室和储藏室。大多数神学院都是用烧过的砖和生砖建造的。伊斯兰学校以其不朽的外观和特征而著称，也被尊为历史遗产。

1892年到1893年，撒马尔罕有25所神学院。当时的神学院建筑不符合时代的要求，不方便接受教育。他们都需要大修，大多数都处于危楼状态。毫无疑问，这一因素也影响了教育质量。

贾迪德主义中心

尽管沙俄帝国对殖民地的压力很大，但乌兹别克人民并没有放弃维护身份、恢复国家地位的目标。最重要的是，乌兹别克不乏领导人和进步的力量。随时准备领导人民实现基本生活方式和社会理想的崇高目标的人当时被称为贾迪德人——创新者、改革者。

从贾迪德人中成长起来的杰出科学家、现代工业和农业专家、文化工作者等，都梦想着祖国的繁荣和独立，并在这条道路上无私地奋斗着。在贾迪德争取土耳其斯坦独立的斗争中，以下方向占主导地位：扩大新型学校网络；派遣有才华的青年到国外学习；建立各种教育团体；出版报纸和杂志；在土耳其斯坦建立民族民主国家，提高人民的社会政治意识。

撒马尔罕自古以来就是乌兹别克斯坦最主要和持续的科学、教育和文化中心，是贾迪德主义的主要中心之一。土耳其斯坦的第一所新型学校也在这里开设。

新型学校主要是小学，由1—4年级组成。1913年到1914年，学校实行了两级制。这一体系中的学校被称为模范学校，一级称为小学，二级称为高等。没有为新型学校建造专门的建筑。这些学校是私人的，在大多数情况下，学校使用教师自己的房子或空置的住宅，以及个人的院子。帝国政府官员担心这类学校会促进民族文化的发展，并认为它们

穆夫提·马哈茂德·贝布迪在撒马尔罕开办的贾迪德学校

对沙皇政权构成危险，因此，制定了各种措施来制止它们的活动。新型学校没有正式批准的统一课程。课程是根据个别学校的校长和教师编写的教材设置的。

在新型学校，宗教课程和世俗课程一起教授。古兰经和阿利夫博伊、物理学、化学、几何、算术、地理等世俗学科一起被教授。从四年级开始，一些学校也教授俄语。学习物理、化学和几何等学科的高年级学生没有母语的教科书和手册，教师被迫在这些科目上使用以鞑靼语和土耳其语出版的教科书。一些教师则自己编写教科书并用它们来教学。

学校资金每月从学生家长那里获得，教师也以同样的方式获得报酬。此外，学校教师的奉献精神和许多贾迪德人的个人资金保证了学校的活动。新型学校是现代国民学校的第一阶段。根据这些学校的经验，不仅创造了字母表和阅读书籍，还创造了第一本解释母语规则的教科书《突厥语规则》和《伊姆洛语》。一些学校教科书创造性地使用了俄罗斯本土学校的俄语和算术信息。

1905年，穆夫提·马哈茂德·贝布迪在卡夫塔哈纳地区的撒马尔罕开办了一所新的贾迪德学校，开始免费教育孩子。大约有40名学生

149

在学校学习。他写道："当其他民族的幼儿在学校学习时，我们的小孩却被外族科学家们指派干活，或沿街乞讨。而我们的科学家则要服从外族普通人。这种状况终将会改变！为了摆脱这种严重情形，应该敦促国家对宗教和世俗科学进行深入研究。"这位学者教育家认为，贾迪德学校是人民识字的基础，而媒体则是传播启蒙的一种手段。贝布迪在大众教育道路上的另一个伟大成就是他在撒马尔罕建立了第一个穆斯林图书馆。图书馆从上午9点到下午5点开放，第二班从下午6点到晚上12点开放，有60至110名读者。图书馆的藏书也很丰富，富人和商人捐赠了《古兰经》和其他宗教书籍。后来，这个图书馆被称为贝布迪图书馆，因为图书馆的所有材料成本主要由他自己承担。

撒马尔罕的另一位杰出教育家是阿布杜卡迪尔·沙库里，他自费建立了一所新型学校。1901年秋，第一所新型学校在撒马尔罕的拉贾巴明村开学。沙库里学校很快就流行起来了。档案文件提供了他的学校和学生人数的很多信息。学校里也有夜校。沙库里为他的学校编写了教科书，并用自己的资金出版。例如，他出版了《扫盲指南》《希卡亚特清真寺》《祖布达特·乌尔·阿肖尔》（1907）等教科书。他和贝布迪一起为学校制订了课程。沙库里不仅在撒马尔罕，而且在整个土耳其斯坦都是第一批开设新型女校的人之一，他与妻子在同一所学校任教。1915年5月9日和11日，沙库里学校举行了一次考试，人民教育督察参加了监考。为了展示他的学校的活动，贝布迪邀请了城市的著名科学家、商人、富人和店主参与观摩。在两天的时间里，学生们从上午10点到下午6点都要考试。结果，大多数参加监考的人都对孩子们的知识印象深刻，惊讶于他们的孩子这么快就学会了知识而开心得哭起来。

撒马尔罕贾迪德运动的另一位主要代表哈吉·穆因从旧学校毕业

阿布杜卡迪尔·沙库里

后，在神学院与开明的穆达里斯·赛义德·瓦斯利一起学习。1901年起，他开始从事教学活动。1903年，他在鲁哈巴德地区开办了一所新型学校，并于1908年出版了一本名为《拉诺马伊萨瓦德》的字母表书籍。1914年，他在家里开办了一所名为"托宾"的私立新型学校。1915年，哈吉·穆因为小学三年级开设了《新文学》课程，它包含了现代土耳其诗人的诗歌。在这一时期，萨伊德里佐·阿里扎德在撒马尔罕现代学校的活动中占有特殊的地位。萨伊德里佐·阿里扎德在撒马尔罕的神学院学习了六年。在撒马尔罕，他为贫困家庭的孩子们开办了一所学校，他在那里教书。哈吉·穆因创作了《阿拉伯萨尔菲》《突厥字母表》《历史》《地理》《数学》《几何》《自然》《宗教义务》《宪章》《体育》《空间科学》等教科书。他为乌兹别克学校编写了一本名为《第一年》的字母表，并免费分发。他甚至为俄罗斯居民举办了当地语言夜校。

1908年8月22日H.A.哈萨诺夫、米尔佐·伊布罗希姆·巴吉罗夫和米尔佐·胡森·伊布罗希姆在撒马尔罕老城为贫困儿童开设了一所新型学校。1909年11月，当地教师穆罕默德·博迪·沙罗菲迪诺夫在鲁哈巴德地区开设了一所名为"鲁哈巴德"的新型学校。1911年1月9日，哈吉·米尔佐·巴赫姆·米尔佐·穆罗多夫在鞑靼协会的资助下，于1914年4月1日在撒马尔罕为孩子们开设了一所新型学校。

到了这个时候，老教师们逐渐开始改革他们的学校。开办学校的过程非常艰难，因为它受到严格的控制。学校只靠私人资金资助。撒马尔罕有许多著名的新型学校。因此，到20世纪初，虽然神学院的数量随着人口与学校的比例而增加，但普通学校的数量和学生人数都在下降。

新型学校以所有者的名字命名。这也是当时的创新。撒马尔罕的这些学校是有权威和有影响力的人开办的。

值得注意的是，新型学校引入了手工艺教育。1915年9月13日，撒马尔罕市居民穆萨贝克·米尔佐·福齐洛夫在家中开设了一所新的当地园艺学校。

总之，监管机构严格控制新型学校和学生的数量以及教科书的内容，对反政府文章和书籍进行审查，监督教师队伍，密切关注学术过程。甚至俄罗斯地方官员也在他们的报告中说，在考试期间，阿布杜舒库罗夫和朱拉博耶夫的学校几次被州军事长官和州教育督察访问，这些学校对学生的教育和培养比当地学校甚至俄罗斯本土学校要好。这提高了新型学校教师在公众中的声誉。尽管政府试图限制现代学校的活动，但没有达到目的。

新学校的建立是时代的要求。由于很难获得正式学校经营的许可证，许多学校都是非法经营的。贾迪德学校很受欢迎，是旧学校改革的结果。这些学校的重点是教学方法和现代世俗科学。

这些学校是国家教育和现代欧洲教育的结合体。与现有的沙俄教育机构不同，它们有助于形成对民族历史和身份的保护。

一方面，这是由于帝国当局在该省减少了作为传统教育财政基础的宗教基金收入；另一方面，民族复兴运动贾迪德派在全国各地，特别是撒马尔罕市及其周围地区，开设了许多贾迪德学校，并吸引大多数当地儿童进入这些学校。

尽管殖民者对该地区的教育施加了严格的控制，但在19世纪下半叶，土耳其斯坦第一次开始出版印刷书籍。这是一个极其重要的历史事件。最初在城市经营的印刷厂主要关注世俗科学，如地理、历史、采矿、园艺、农业、医学和精密科学。

20世纪初，该市有21家印刷厂、4家石版印刷厂和2家石印厂。印刷厂主要出版俄语书籍，包括小说、科学研究、参考书和教学手册。大多数出版物的内容旨在进一步加强帝国的地位。

撒马尔罕也进行了一些重大的科学研究。哈吉·优素福·米尔法约佐夫（1842—1924）出生于霍根特，从事天文学、数学、地理学、医学和历史研究。在他的领导下，地球仪成为19世纪下半叶最重要的科学发现之一。地球仪包含1000多个地名。这颗由土耳其斯坦科学家和俄罗斯地理学会成员测试的地球仪也受到了沙皇尼古拉二世及其朝臣的高度赞赏，哈吉·优素福·米尔法约佐夫因此获得了一个很高的奖项。哈吉·优素福·米尔法约佐夫在亚洲和欧洲接受教育，被称为他那个时代的先进人物和教育家，为整个土耳其斯坦地区的文化发展作出了巨大贡献。

殖民当局在土耳其斯坦，包括撒马尔罕及其周边地区，开展了各种活动来传播俄罗斯文化。例如，1891年2月4日，土耳其斯坦总督签署了建立撒马尔罕音乐戏剧协会的法令。创建该协会的主要目的是在这里更广泛地传播两种艺术流派——俄罗斯音乐和俄罗斯戏剧作品。然而，这些措施所追求的目标并未实现。当地居民的文化和生活方式与俄罗斯人民的文化和传统完全不同。这些活动的另一个目的是根据俄罗斯移民的传统和规则组织他们在该地区的生活。为国家服务的帝国官员必须保持占主导地位的意识形态。这一进程的另一个重要方面是建立俄罗斯文化中心和教育机构。

撒马尔罕作为精神和物质文化的古老中心，吸引了著名的作曲家、艺术家和建筑师。1864年，匈牙利旅行家A.摩拉维亚、作曲家伊格纳特·布里尔创作了歌剧《撒马尔罕苦行僧》。这是西欧音乐创作中第一部关于撒马尔罕的歌剧。1910年，弗朗斯·朗科里创作了一部关于埃米尔·帖木儿的歌剧，名为《撒马尔罕统治者》。英国作曲家格雷蒂尔·潘图克为合唱团《光荣日子里的撒马尔罕》作曲。

尽管20世纪初经济形势严峻，但著名的撒马尔罕歌手、古典歌曲演奏家哈吉·阿卜杜勒阿齐兹·阿卜杜拉苏洛夫在伊朗、阿富汗、伊拉克、印度和希腊等国展示了他的艺术。 1909年，里加留声机公司录制了他演奏的民间木卡姆《伊拉克》《纳斯鲁洛伊》和《乌什肖克》。

尽管受到殖民压迫，撒马尔罕人民和整个国家一样，保留了精神文化和民间节日，这些节日是古典传统艺术的坚实根源，也是构成民歌艺术的基础。

民族民歌不仅反映了弦的声音，还反映了民间的创造力、思想，使之成为人民精神遗产的组成部分。在此期间，撒马尔罕在民族文学领域也处于领先地位。它的著名代表马哈茂德霍贾·贝赫布迪是一位多才多艺的社会和政治活动家，在他的领导下，贾迪德于1913年至1915年创办了《撒马尔罕报》和《奥伊纳》杂志。《撒马尔罕报》以俄语、乌兹别克语和塔吉克语出版。《奥伊纳》杂志不仅在土耳其斯坦很受欢迎，在高加索、伏尔加地区以及土耳其、阿富汗、伊朗和印度的穆斯林中也很受欢迎。

1917年4月，贾迪德的《胡里亚特报》在撒马尔罕出版。在报纸的经营中，阿卜杜拉乌夫·菲特拉特扮演着特殊的角色。在他的直接影响和参与下，发表了许多关于该市和整个土耳其斯坦生活的政治文章。

与此同时，民族文化发展也在继续。尽管帝国行政当局采取措施根除民族文化并吸收俄罗斯文化，但民族精神的发展仍在继续。

戏剧作品《弑父》于1913年出版，1914年1月15日由撒马尔罕戏剧爱好者在该国首次上演。这部剧随后在土耳其斯坦的其他城市上演。

这一时期撒马尔罕文学的特点在于诗人们用两种语言——乌兹别克语和塔吉克语创作。在布哈拉文学环境中，波斯—塔吉克文学占主导地位，撒马尔罕则创作了更多的乌兹别克语作品。

20世纪初，乌拜杜洛·苏比、雅库贝克·奥希基、西潘迪·撒马尔坎迪、霍贾·撒马尔坎迪、图格拉利·阿克罗里、米尔扎克拉姆·菲克里、穆罕默德·哈泰、马哈茂德霍贾·贝布迪、萨德里丁·艾尼、奥里夫·古尔哈尼、赛义德里索·阿利佐达、阿卜杜勒卡尤姆·库尔比耶夫、古洛姆里佐·科齐姆佐达、阿卜杜勒卡里姆·奥迪利、米尔萨瓦尔·乌尔古蒂、阿卜杜勒加尼·贾夫多特、阿卜杜勒科迪尔·贾米、纳布尔胡亚·希拉特、博基·撒马尔坎迪、法基尔·沙赫里萨布齐、科里·沙罗菲丁·胡比等诗人在撒马尔罕创作。

在撒马尔罕文学界发挥重要作用的著名诗人之一是胡比乌斯·撒马尔坎迪。1921年至1924年，胡比乌斯·撒马尔坎迪在巴库工作，1925年回到撒马尔罕后，他继续在吉利亚·科里神学院担任穆达里斯。

在撒马尔罕的诗坛中占有重要地位的有西潘迪·撒马尔坎迪、霍吉·撒马尔罕、瓦斯利·撒马尔坎迪、纳基布汗·图格拉尔和朱拉特·撒马尔坎迪等。

瓦斯利·撒马尔坎迪的两本文学集分别于1909年和1913年出

版，名为《阿穆戈尼·杜斯顿》和《图法特·乌尔·阿赫巴布》。萨达姆·瓦西里·撒马尔坎迪（1870—1925）出生于撒马尔罕的库克马吉德，1909年起在兀鲁伯神学院和奥里夫詹巴亚神学院担任穆达里斯。纳基布汗·图格拉尔的书由4000页组成，1916年在哈根印刷厂印刷。直到1914年，纳基布汗·图格拉尔一直住在吉利亚·科里神学院的一间小屋里。朱拉特·撒马尔坎迪的诗集也于1919年出版，共550页。这些诗人的作品反映了土耳其斯坦人民摆脱殖民统治和获得独立的梦想和愿望。

The
Biography
of
Samarkand

撒马尔罕 传

苏联时期的撒马尔罕

第八章

1917年10月在沙俄帝国首都彼得格勒（现在的圣彼得堡）爆发十月革命，布尔什维克接管了沙俄的国家行政机构，包括土耳其斯坦总督区。

　　1917年3月5日和10日，撒马尔罕人在撒马尔罕新旧城区举行了游行，超过1万人参加。

　　当时进步派出版的撒马尔罕报纸《胡里亚特报》写道："俄罗斯终于发生了我们梦寐以求的革命。旧政府被推翻了，我们得到了自由，现在我们有了言论自由、新闻自由。现在我们讲真话、写真话，都不再沉默。当我们要求我们的权利时，他们会听我们的。"

　　1917年3月起，土耳其斯坦总督区开始建立各种协会。这些协会中最著名的是伊斯兰教协会（1917年3月14日在塔什干成立）。

　　1917年春，该组织在撒马尔罕成立了一个分支机构。它包括进步人士和学者，新成立的民族资产阶级的著名代表伊索洪·卡齐、埃松·阿科比尔胡贾，商人和大地主沙姆西巴·马赫苏姆，富人哈桑·祖拜杜拉耶夫、马马赖因巴、马马达明巴，前官员巴赫里丁和阿布迪古拉姆等。撒马尔罕伊斯兰教协会的基础是大业主和科学家。

　　该组织的成员超过150人。1917年夏天，土耳其斯坦举行了市议会选举。9月8日被宣布为撒马尔罕市杜马选举日。撒马尔罕市杜马选民名单上，协会的选举与塔什干伊斯兰教协会之间的选举不同。16个政治组织的代表参加了塔什干的选举，6个社会组织在撒马尔罕进行了斗争。这些协会是：业主和穆斯林神职人员组成的伊斯兰教协会；穆斯林联合会"工人联盟"；俄罗斯革命联盟；俄罗斯人民联盟；俄罗斯犹太人联盟；俄罗斯激进党。

根据新撒马尔罕市杜马的选举结果，以下协会的代表当选：伊斯兰教协会55人，工人联盟4人，俄罗斯革命党10人，俄罗斯社会党2人，俄罗斯犹太人4人，俄罗斯激进协会1人。

例如，在撒马尔罕市杜马选举中，伊斯兰教协会组织的成员以巨大优势获胜。然而，在1917年深秋，撒马尔罕的力量对比发生了有利于布尔什维克的变化。同彼得格勒和塔什干一样，布尔什维克在撒马尔罕顺利取得了政权。1917年12月1日至2日，撒马尔罕政权移交给工农代表苏维埃布尔什维克组织。

1917年12月4日，布尔什维克成立了士兵、工人和穆斯林代表苏维埃军事革命委员会（革命委员会），取得了撒马尔罕市及其地区的政权。1918年1月，撒马尔罕地区革命委员会解散了伊斯兰教协会组织。1917年12月，《自由撒马尔罕报》俄文版和1918年4月《胡里亚特报》乌兹别克文版被禁止出版。

1918年2月17日，撒马尔罕议会决定废除市杜马和土地内阁。伊斯兰教协会的活动后来也停止了。

布尔什维克在撒马尔罕取得政权后，把全部注意力集中在巩固政权上。

1918年初，土耳其斯坦总督区8000名苏联共青团员中有1137人驻扎在撒马尔罕。1918年3月8日，市议会成立了革命法庭，对反对布尔什维克和苏维埃政权的政治力量、军事团体和其他人进行了严厉的惩罚。

布尔什维克在经济领域也采取了非常措施，没收了大投资者手中的工厂。例如，1918年2月，撒马尔罕的库格尔印刷厂被没收，印刷厂老板被监禁。

根据1918年3月5日的法令，撒马尔罕的所有棉纺厂、油厂和肥皂厂都归苏联所有。1918年上半年，其他印刷厂、铸铁厂、面粉厂、银行和铁路也被没收。苏维埃政权把这些措施称为有利于国家和人民的"国有化"。

居住着游牧民族的教区被划分为行政区，居住着较少居民的教区被划分为农村社区或长老会。根据1920年撒马尔罕州的行政区划，撒马尔罕县有26个教区和137个农村社区。

1920年，撒马尔罕有82316名居民（不包括军事单位的士兵）。撒马尔罕人口的67%（55178人）是当地人，其余33%（27138人）是俄罗斯人（欧洲人）。

在此期间，撒马尔罕州的城市有35626户家庭。1920年，撒马尔罕州的村庄共有111493户，其中一半以上（55462户）居住在撒马尔罕县。

乌兹别克苏维埃社会主义共和国首都

土耳其斯坦总督区在政治、地理、历史、文化、宗教等方面都是统一的。1924年末，苏联当局在土耳其斯坦总督区进行了民族领土分治，将该地区划分为乌兹别克苏维埃社会主义共和国、哈萨克苏维埃社会主义共和国和土库曼苏维埃社会主义共和国。最初，乌兹别克苏维埃社会主义共和国的首都是布哈拉，不久，首都迁往撒马尔罕。1925年到1930年，撒马尔罕是乌兹别克苏维埃社会主义共和国的首都。1925年1月29日，乌兹别克苏维埃社会主义共和国实行行政区划。撒马尔罕州是乌兹别克苏维埃社会主义共和国成立的首批7个州之一。1926年9月29日，行政和经济区划被取消。1927年撒马尔罕区以撒马尔罕市为中心，由10个区组成：米顿（区中心——米顿村），帕亚里克（切莱克），阿克达里亚（洛伊什），帕斯达戈姆（朱马站），布伦古尔（罗斯托夫塞沃站），上达尔戈姆（撒马尔罕市），扬吉—卡扎纳雷克（乌尔古特），吉扎克，扬吉库尔干，佐明。1930年，撒马尔罕区面积为19091平方公里，成立了166个乡村委员会。全县共有1542户人家。1930年1月撒马尔罕区有三个城市：撒马尔罕（人口119736人）、吉扎克（15379人）、乌尔古特（15659人），总共有150774人。顺便说一句，在这些年里，撒马尔罕市被认为是上达尔戈姆地区的中心。1930年，撒马尔罕区只有563900人，其中81.4%是乌兹别克人。当时撒马尔罕市周围地区被上达尔戈姆（现撒马尔罕），帕斯达戈马，新喀萨纳雷克（现乌尔古特），帕亚雷克和阿克达里亚地区包围。1928年，上达尔戈姆区的24个乡村委员会的14个乡村委员会共有195个村庄，其中许多位于撒马尔罕附近，历史悠久。1925—1929年，与乌兹别克斯坦其他地区一样，撒马尔罕地区实施了第二阶段的土地和水改革。众所周知，土耳其斯坦苏维埃社会主义自治共和国在1921—1922年进行了第一阶段的土地和水改革，当时从大业主和富人手中夺走了土地。乌兹别克苏维埃社会主义共和国成立后，1925年11月在撒马尔罕举行的乌兹别克共产党第二次代表大会批准了"土地革命"的战略和战术。这一进程始于乌兹别克苏维埃社会主义共和国中央执行委员会关于土地和水国有化的法令、关于土地和水改革的法令（1925年12月2日）。乌兹别克苏维埃社会主义共和国的土地和水改革在1925年至1929年分三个阶段进行，具体取决于当地的条件和准备水平。第一阶段于1925—1926年在费尔干纳州、撒马尔罕州和塔什干州举行。在第二阶段，1927年在泽拉夫尚州（布哈拉和中泽拉夫尚区）进行了土地改革。在第三阶段，1928—1929年在卡什卡达里亚，苏尔汉达里亚和花剌子模地区进行了改革。没收的土地、牲畜和劳动工具比颁布的法令规定的还要多。富人、大商人、神职人员和其他所有人的土地和所有财产都被没收。除了贾迪德的进步主义者、科学家和知识分子外，甚至在苏联机构中担任要职的国家领导干部（民族共产主义者）也反对苏维埃政权的这种强硬政策。1925年至1926年，撒马尔罕地区执行委员会（州执行委员会）主席是米尔扎霍贾·乌林霍贾耶夫，第一副主席是阿卜杜拉伊莫夫，第二副主席是诺西尔巴耶夫。撒马尔罕老城执行委员会主席是里扎耶夫，他的第一副主席是库利耶夫，第二副主席是阿齐佐夫。在这些年里，米哈伊尔·霍贾耶夫担任乌兹别克斯坦共产党撒马尔罕地区委员会执行局首席秘书。

1925年11月，在乌兹别克苏维埃社会主义共和国担任要职的18名权威领导干部向乌兹别克共产党中央全会和俄共（布）中亚中央局提出要求。他们在请愿书中指出，共和国出现了工作无法忍受的情况，几乎所有的权力都属于俄共（布）中央中亚局（中央局）主席I.A.泽连斯基和乌兹别克斯坦共产党中央书记伊万诺夫和伊克拉莫夫。如果他们的要求没有得到满足，"十八人集团"成员要求解除他们在乌兹别克斯坦的职务，并将他们派往莫斯科，交由俄共（布）中央处理。1925年11月19日至22日在撒马尔罕举行的乌兹别克斯坦共产党第五次中央全会上，十八位国家领导人的这一呼吁得到了深入的讨论。于是，1925—1926年撒马尔罕州进行了水土改革，为苏联政府驱逐富裕农民充当"拳头"，铺平了水土改革的道路。

"十八人集团"的政治和公众人物包括乌兹别克苏维埃社会主义共和国内政人民委员拉赫马特·拉菲科夫，他的副手拉希姆宗·拉希姆博博耶夫，乌兹别克土地事务人民委员伊诺戈姆宗·希迪拉利耶夫，泽拉夫尚地区执行委员会主席阿卜杜拉希德·穆卡米洛夫，泽拉夫尚县委执行书记拉赫马特·穆扎法罗夫，泽拉夫尚县委书记穆赫托尔琼·赛乔诺夫，费尔干纳县委主席阿卜杜拉希姆·霍吉博耶夫，喀什卡达里亚县委执行书记伊斯莫伊尔·博佐尔巴耶夫，乌兹别克苏维埃社会主义共和国中央执行委员会执行书记努里丁·科里耶夫，塔什干第一区委执行书记奥比德·马克苏多夫，马尔吉兰县委执行书记乌林博伊·阿舒罗夫，卡尼巴达姆区委执行书记海伊丁·埃肖诺夫，"乌兹别克棉花"管理局副主席巴霍迪尔·马克苏多夫，塔什干市工会主席穆罕默德·卡里姆佐诺夫，阿布杜马吉德·扎基罗夫，也有来自撒马尔罕的以下国家领导干部：撒马尔罕地区执行委员会主席米尔扎霍贾·乌林霍贾耶夫（1897年出生），撒马尔罕地区党委员会执行秘书纳西姆·希里诺夫（1897年出生），"红色东方"组织撒马尔罕分部主任扎基尔·哈萨诺夫（1895年出生）。根据中亚局特别委员会的结论和乌兹别克斯坦共产党第二届中央第一次全体会议的决定，"十八人集团"的成员受到了以下惩罚：赛乔诺夫和伊戈尔·巴甫洛维奇被免职；R.拉菲科夫和B.马克苏多夫被开除党籍；Z.哈萨诺夫受到严厉斥责；穆扎法罗夫案件被移交乌兹别克斯坦共产党中央控制委员会审议；R.霍吉博耶夫受到训斥。1929年1月1日，希迪拉利耶夫在莫斯科一家酒店因可疑情况去世。拉萨马特·拉菲科夫于 1930 年在塔什干被电车撞死。这场"意外交通事故"是由安全人员组织的，这已经不是秘密了。其他负责人在 1930 年因参加马夫隆别科夫集团而受到惩罚。他们是 1934 年和 1937—1938 年苏联当局镇压的受害者。撒马尔罕人乌林霍贾耶夫于 1937 年 9 月 7 日被捕，被判处 10 年监禁。从监狱回来后，乌林霍贾耶夫开始写回忆录。1925 年到 1930 年，撒马尔罕是共和国的政治和行政中心，这里是中央苏维埃的经济和其他组织的所在地，在撒马尔罕开始管理乌兹别克苏维埃社会主义共和国的政治和社会生活以及文化和经济发展。在此期间，撒马尔罕进行了大量工作。该市成立了乌兹别克斯坦共产党中央委员会、乌兹别克斯坦苏维埃社会主义共和国人民委员会、乌兹别克斯坦苏维埃社会主义共和国中央执行委员会、共和国人民委员会和其他管理机构。尽管乌兹别克斯坦首都于 1930 年迁往塔什干，但撒马尔罕仍然是乌兹别克斯坦重要的经济、科学和文化中心。

在苏联政权时期，城市的生活也没有停止。即使在悲惨的 1936—1938 年，撒马尔罕的普通人也试图改变城市的面貌，设法保持民族特性。在撒马尔罕人的无私劳动下，该市建成了 70 多家大型工厂。撒马尔罕为整个共和国提供了家用空调、电影院、电梯、茶和烟草，该市生产了全国 14% 的丝绸织物、葡萄酒和化肥，22% 的罐头食品和 3.2% 的棉花纤维。

在这一时期，该市有撒马尔罕过磷酸酯厂（现撒马尔罕化工厂）、撒马尔罕电梯厂、撒马尔罕瓷器厂（现为撒马尔罕纳菲司股份有限公司）、撒马尔罕冰箱厂（现为西诺股份有限公司）。除此之外，还有撒马尔罕葡萄酒厂、撒马尔罕茶叶分厂、撒马尔罕丝绸厂，以"26 名巴库专员"命名的丝绸厂、发动机厂、无线电零件厂、空调厂、棉纺和皮革厂、针织厂、服装厂、鞋厂、家具厂、罐头厂、酒精伏特加厂、啤酒厂、通心粉厂、面粉厂、烟草发酵厂和糖果厂，以及肉类和奶制品联合企业等。

第二次世界大战期间的撒马尔罕

20世纪20年代和30年代苏维埃政权与全体乌兹别克人民一道实行的集体农庄经济、"文化革命"和镇压政策，也使撒马尔罕人筋疲力尽。第二次世界大战的爆发和德国对苏联的进攻使乌兹别克斯坦再次陷入苦难的旋涡。

1941年，乌兹别克苏维埃社会主义共和国人口超过680万，近200万同胞参加了战争，其中50多万人丧生。在参加战争的152000多名撒马尔罕人中，73000人无法返回家园。

在战争年代，撒马尔罕的所有企业都按照战时的要求重建了工作。为了获得劳动突击队和工厂警卫旅的军衔，运动加强了。这项爱国倡议的参与者在一个班次内执行了两三项标准。在撒马尔罕的工厂里，妇女也开始工作。到1941年底，超过2500名妇女在工厂工作。在工作期间，她们掌握了最困难的以前专属男性的职业技能。

在伟大的卫国战争期间，乌兹别克人民的人性、高尚和对儿童的热爱表现在他们对从战区和前线领土撤离的人民和儿童的开放、同情和关心。

在短时间内从俄罗斯、乌克兰、白俄罗斯、摩尔多瓦和波罗的海国家撤离的150多万人中，包括20多万孤儿，被乌兹别克斯坦人民接纳，其中16.5万人定居在撒马尔罕地区。

回到撒马尔罕的尼约兹·福扎伊洛夫受了重伤，他和妻子一起当了教师，和孩子们一起抚养了7个孤儿。来自撒马尔罕州卡塔库尔干市的战争伤残者阿布杜哈米德·萨马多夫的人道主义和国际主义为全世界所熟知。在战争结束后的几年里，尽管他还是单身，还是伤残，但仍抚养了7个孩子，他们有不同国籍、语言和种族。

根据州执行委员会和党委的决定，撒马尔罕农村地区在扎姆拜、布伦古尔、法里什、纳尔帕、帕斯达戈马和其他地区建立了8所孤儿院，以安置被疏散的失去父母的儿童。这些孤儿院负责抚养4270名儿童。此外，660名儿童被安置在撒马尔罕市的11所儿童之家。

1942年初，撒马尔罕市的10所孤儿院共有1512名儿童，其中590名是从前线撤离的儿童。孤儿院的儿童人数每月都在增加，到1943年夏天达到1810人。此外，撒马尔罕市还为波兰儿童开设了儿童之家。为从莫斯科撤离的120名西班牙青年开设了寄宿学校。

撒马尔罕地区的工人收容了从前线地区撤离的16.5万人，并对他们表示了爱和关心。仅到1942年2月20日，就有8000人被转移到巴吉沙马尔地区。1663个家庭从德国占领区被转移到铁路区。撒马尔罕人接收了2万多名没有父母的儿童。

在战争年代，儿童和居民不仅从前线地区和发生战争的地方，而且从参与战争和被法西斯德国占领的国家撤离到撒马尔罕地区。我们的人民给予了他们爱和支持。被疏散者在居民家中得到了安置，进入了专门的儿童之家，并被安置在寄宿学校。

波兰儿童被安置在撒马尔罕地区建立的儿童之家。后来，在该地区的纳尔帕区又为波兰儿童建立了三个儿童之家，设立了一个特别基金，为庇护所提供必要的物品。此外，还增加了受资助家庭和组织对儿童之家的支持。

根据撒马尔罕地区人民代表执行委员会1942年5月12日的决定，为纳尔帕区波兰儿童之家和撒马尔罕市波兰儿童之家各分配了500公斤马铃薯种子开展种植副业。

在战争的可怕日子里，撒马尔罕地区的居民开始建立国防基金，为建造坦克和飞机筹集资金和贵重物品，购买武器和军事装备，为军队收集保暖的物品和礼物。在战争的头几个月，该地区的工人，主要是年轻人，筹集了大约100万卢布，用于建造一个名为"乌兹别克共青团"的坦克纵队。

1943年4月1日前，乌兹别克人民为国防基金募集了368935000卢布，并将其转交给国家银行，用于建造坦克和飞机。其中，撒马尔罕地区的工人收集并交出了5185000卢布。

在该地区的集体农庄里，人们为前线的战士们成功地收集了保暖的东西。1942年下半年，撒马尔罕人向军队送去了3000件半毛皮大衣、8000双毡靴、7000只护耳帽、9000双手套、5000条棉裤子、17000双袜子和其他类似的衣物。

战争期间，该地区的工人经常照顾战士的家庭。地方政府机构已经掌握了他们的记录

集体农庄里，为前线的战士们成功地收集了保暖的东西。

和救济工作。在企业、机构和生产单位，每天都在为前线家庭提供支持。战士们的父母、妻子和子女得到了大量衣服、鞋子和生活用品等物资援助。

1943年，该地区向35512个军人家庭、2042个雇员家庭提供了养老金，其中10511个是老年人。安置了3117名军人家属，984人接受培训，763名男孩和女孩被安置在儿童机构。

在共和国工人的倡议下，该地区成立了解放区兄弟援助基金。该基金会收到了数十万卢布的资金和食品。1943年初，撒马尔罕地区成立了援助法西斯受害者基金会。

撒马尔罕地区的劳动人民也积极支持解放区的农业复垦工作。1943年2月中旬，两个梯队从撒马尔罕火车站出发，带着拖拉机和农机前往斯塔夫罗波尔边疆区。边疆区机械拖拉机站向乌克兰移交了180台轮式拖拉机和40台履带拖拉机、165台播种机、66台犁，并向克拉斯诺达尔边疆地区发送了95台拖拉机和95台犁，向克拉斯诺达尔边疆地区发送了60辆汽车。

1943年底，撒马尔罕州向解放区运送了13500只卡拉库尔羊、11600只库尔德羊和其他品种的羊、2000多只山羊和羊羔、1200匹马、800头牛，还有许多奶牛和其他牲畜。

与乌兹别克斯坦其他地区的居民一样，撒马尔罕地区的代表在伟大卫国战争前线的激烈战斗中表现出了乌兹别克人民特有的英雄主义和勇气，在与强大而阴险的敌人的血腥战争中，他们手持武器保卫了我们的圣地。

在与德国法西斯侵略者的战斗中表现出勇气的49573名撒马尔罕人被授予勋章和奖章，其中52人被授予苏联英雄的崇高称号，8人被分别授予三级荣誉勋章。

文化交汇之地

撒马尔罕是乌兹别克斯坦历史上最大、永久的文化中心之一，也是亚非国家代表定期举行会议和研讨会的主要中心之一。在联合国教科文组织的倡议下，1969年9月在撒马尔罕市举行了一次关于中亚帖木儿时期艺术的国际研讨会。1970年10月，撒马尔罕市举办了庆祝建成2500周年纪念活动。1978年、1983年和1987年，撒马尔罕还举办了东方传统国际音乐节。1997年以来，撒马尔罕每两年举办一次"东方旋律"国际音乐节。

由于其古老的历史和建筑古迹，撒马尔罕已经成为一座真正的博物馆城市，在世界范围内得到认可。根据共和国政府的决定，1982年建立了国家联合历史、建筑和艺术博物馆保护区，其中包括撒马尔罕地区的阿芙罗西亚普遗址、中世纪纪念建筑群和19世纪最后25年的历史建筑，以及20世纪建立的新城、乌兹别克斯坦文化艺术史博物馆及历史和地方研究博物馆。

撒马尔罕的音乐文化长期以来以突厥和波斯民族传统的融合而闻名。除了音乐家、歌手和作曲家外，撒马尔罕还培养了诗人和科学家。这种情况一直持续到20世纪。霍日·阿卜杜勒阿齐兹·阿卜杜拉苏洛夫（1852—1936）被称为马科姆、乌兹别克和塔吉克民歌的熟练表演者、音乐家和作曲家。霍日·阿卜杜勒阿齐兹从霍日·拉金贝尔迪那里学习了坦布尔的表演和沙什玛卡姆的音乐技巧，从撒马尔罕的博鲁赫·哈菲兹那里学习了歌唱艺术的奥秘和散文，后来又从奥贾拉尔·纳西罗夫那里学习了沙什马科姆。与他合作的有莱维查·哈菲兹、科里·雅库布、卡迈勒·哈菲兹、马里法坦、马克萨查和其他歌手，以及滑稽大师科日·库尔班。

自 1928 年以来，乌兹别克斯坦音乐和舞蹈学院（现为乌兹别克斯坦艺术学院艺术史研究所）一直在撒马尔罕运作。其中

霍日·阿卜杜勒阿齐兹·阿卜杜拉苏洛夫

有著名作曲家 M. 阿什拉菲角布尔哈诺夫、T. 索迪科夫、Sh. 拉马扎诺夫和其他后来成为乌兹别克音乐学大师的作曲家。米哈伊尔·阿罗诺维奇·穆拉坎多夫（1896—1956）和加布里埃尔·阿罗诺维奇·穆拉坎多夫（1900—1971）在撒马尔罕生活和工作。1936 年，属于布哈拉犹太人的穆拉坎多夫兄弟被授予乌兹别克斯坦人民艺术家称号。

阿基洛夫家族的代表也在撒马尔罕出生和长大，他们被认为是对20 世纪舞蹈艺术作出重大贡献的艺术家家族。乌兹别克综艺舞蹈创始人之一、舞蹈家和芭蕾舞大师、乌兹别克斯坦人民艺术家伊萨哈尔·阿基洛夫（1914—1988）曾在撒马尔罕和布哈拉的塔吉克和布哈拉犹太音乐剧院工作（1964）。1932—1936 年，乌兹别克国家爱乐乐团以穆希丁·科里·雅库博夫命名。布哈拉古典舞蹈的传统为乌兹别克专业舞蹈的发展作出了巨大贡献。1977 年，他获得了乌兹别克斯坦国家哈姆扎奖。

伊萨哈尔·阿基洛夫的妻子，乌兹别克斯坦人民艺术家玛格丽塔·阿基洛娃（1920 年出生于撒马尔罕），1935 年至 1936 年在撒马尔

罕的塔吉克和布哈拉犹太音乐剧院工作。伊萨哈尔·阿基洛夫和玛格丽塔·阿基洛娃的女儿，乌兹别克斯坦人民艺术家维拉亚特·阿基洛娃（1937年出生于撒马尔罕），祖拉伊霍·阿基洛娃（1945—2000），乌兹别克斯坦荣誉艺术家洛拉·阿基洛娃（1957年出生），后来都成为著名的舞蹈演员和芭蕾舞大师。

在随后的几年里，撒马尔罕出现了才华横溢的歌手，如乌兹别克斯坦人民艺术家纳西巴·阿卜杜拉耶娃（1961年出生）、马登·马夫洛诺夫（1963年出生）、乌兹别克斯坦荣誉艺术家索菲亚·萨夫塔罗娃、作曲家鲁斯塔姆·哈姆罗库洛夫等。

20世纪80年代，撒马尔罕市有5家剧院：乌兹别克国家音乐戏剧剧院（成立于1911年）、以契诃夫命名的俄罗斯戏剧剧院（成立于1918年）、撒马尔罕歌剧和芭蕾舞剧院（成立于1964年）和撒马尔罕地区木偶剧院（成立于1978年）。

20世纪初，撒马尔罕的文学生活进入了一个新的发展阶段。这主要是由于贾迪德运动的蓬勃发展，这一运动在土耳其斯坦地区得到了广泛的传播。马哈茂德霍贾·贝赫布迪、阿卜杜勒·卡迪尔·沙库里、赛义德·西迪基·阿齐、哈吉·穆因、赛义德里佐·阿里扎德、赛义德·瓦斯利（1870—1925）等进步人士在撒马尔罕创作的诗歌和散文作品中表达了启蒙运动和争取民族独立的思想。特别是来自布哈拉的著名作家和学者阿卜杜拉乌夫·菲特拉特和萨德里丁·艾尼在撒马尔罕生活了一段时间，他们用乌兹别克语和塔吉克语创作了罕见的杰作，为这两个兄弟民族的文学和文化史作出了巨大贡献。在撒马尔罕成为乌兹别克苏维埃社会主义共和国首都和文化中心的几年里，文学生活在这里得到了复兴，创作组织得以建立，诗人、作家和文学评论家聚集在这里。

20世纪20年代和30年代，菲特拉、艾尼、哈米德·阿利姆詹、乌斯曼·纳西尔、乌伊贡、艾丁·索比罗娃、拉纳·乌扎科娃、博图、阿明·乌马里、赛义德·纳扎尔、沙基尔·苏莱曼、奥塔洪·哈希姆、哈桑·普拉特等诗人和作家，在撒马尔罕生活和工作。

20世纪上半叶，撒马尔罕民间诗人和巴赫什人的创作活动，如埃尔加什·朱曼布勒·奥格鲁（1868—1937）、法齐尔·尤尔多什·奥格鲁（1872—1955）、伊斯兰教诗人纳扎尔·奥格鲁（1874—1953）等，构成了乌兹别克斯坦文学的基础。20世纪中叶和下半叶是撒马尔罕文学生活兴起和新创作者丰富的时期。

著名政治家、作家和诗人沙洛夫·拉希多夫（1917—1983）在撒马尔罕开始了他的早期创作。乌兹别克斯坦共和国艺术家杜桑·法齐（1927年出生于现代纳沃伊州克孜勒特平区）在他的《撒马尔罕诺玛》（1973）、《乌尔古特·卡西达西》（1994）等诗作中颂扬了撒马尔罕的美。公众和政治活动家海达尔·叶海耶夫（1927年出生于撒马尔罕）也创作了《迷人的瞪羚》。乌兹别克斯坦人民诗人巴洛特·博伊卡比洛夫（1937—2006）在他的诗集《撒马尔罕诗句》（1962）、《撒马尔罕乌什霍吉》（1969）、《阿芙罗西亚普》（1970）等作品中描述了撒马尔罕的古代历史和现代性。他被授予乌兹别克斯坦共和国阿利舍尔·纳沃伊国家奖（1994年）。

乌兹别克斯坦文学界有两位著名艺术家分别是乌兹别克斯坦人民诗人库尔希德·达夫兰（1952）和作家兼公众人物穆拉德·穆罕默德·沙斯特（1949）。萨马苏尔·博博伊（1911—1969）、阿齐姆·图博罗娃、比索拉·图博罗多瓦、马登库尔·穆罕默德、拉伊姆·法尔迪、努斯拉特·拉赫马托夫、达米诺夫和其他作家也在这一时期取得了成效。

撒马尔罕市成为20世纪乌兹别克斯坦主要的科学和教育中心之一。在撒马尔罕，乌兹别克斯坦国家师范学院在培养当地民族代表的科学人才方面发挥了重要作用。这所高等教育机构于1927年1月22日在撒马尔罕首次成立。1930年1月22日，根据一项特别决定，这所高等教育学院改名为乌兹别克斯坦国家教育学院。1931年，学院开设了研究生课程。该学院已发展成为一个主要的教育和培训中心，培养来自当地民族的高素质专家。根据1933年1月20日乌兹别克苏维埃社会主义共和国人民委员会和中央执行委员会的决定，这所学院改名为乌兹别克国立大学。第一任校长卡里姆·阿卜杜拉耶夫为大学的发展作出了巨大贡献。1941年，这所大学以阿利舍尔·纳沃伊的名字命名。1960年以来，乌兹别克斯坦国立大学被称为撒马尔罕国立大学。

20世纪中叶，撒马尔罕国立大学成为乌兹别克斯坦主要的哲学中心。这种情况并非偶然。毕竟，著名哲学家、科学家易卜拉欣·穆米诺夫院士（1908—1974）的科学活动正是在萨姆古开始的，在那里他成为一名重要的专家科学家。穆米诺夫深入研究了东方思想家（米尔佐·贝迪尔、阿利舍尔·纳沃伊、艾哈迈德·多尼什等）的哲学观点，并积极宣传和推广他们在苏联时期的遗产。特别是，用乌兹别克语和俄语出版了《伊戈尔》一书，这是乌兹别克斯坦文化生活中的一件大事。穆米诺夫讲述了伟大的政治家和指挥官埃米尔·帖木儿。后来，穆米诺夫带着他的哲学学生来到共和国首都塔什干，并于1958年在乌兹别克苏维埃社会主义共和国科学院成立了哲学和法律研究所。1956年至1974年，

易卜拉欣·穆米诺夫院士

这位著名科学家担任乌兹别克斯坦科学院副院长。

在短短 10 年内（1929—1939），除上述高等教育机构外，撒马尔罕还建立了以下 4 所学院：

撒马尔罕农业研究所（成立于 1929 年，以乌兹别克国家棉花研究所和乌兹别克动物兽医研究所为基础）；撒马尔罕医学院（成立于 1930 年）；撒马尔罕合作研究所（2004 年 3 月 26 日在其基础上成立了撒马尔罕经济和服务研究所）；撒马尔罕国立师范学院（成立于 1939 年），该学院于 1992 年并入萨姆杜。

后来在撒马尔罕建立了第五所和第六所高等教育机构：撒马尔罕兀鲁伯建筑学院（1966）；1969 年 11 月 20 日，撒马尔罕军械工程指挥学院（高等军事院校）成立。

在此期间，撒马尔罕有许多研究机构。1970 年，在乌兹别克斯坦科学院历史和考古研究所的基础上，在撒马尔罕成立了乌兹别克斯坦科学院考古研究所，研究乌兹别克斯坦境内的物质文化古迹。叶海亚·古洛莫夫院士对研究所的形成作出了巨大贡献。他死后，考古研究所以他的名字命名。考古研究所是乌兹别克斯坦考古研究的科学和方法中心，为共和国境内所有物质文化古迹的挖掘颁发许可证。撒马尔罕科学家——瓦希德·阿卜杜拉耶夫（1912—1985）、博蒂尔·瓦利霍贾耶夫（1932—2005）、易卜拉欣·穆米诺夫（1908—1974）、塔什普拉特·希里库洛夫、塔利布·穆米诺夫、穆萨·穆米诺夫（1903—1969）、阿克伦·穆米诺夫（1937—2001）、阿赫塔姆·穆米诺夫、穆赫塔尔·穆米诺夫、卡莫尔·纳比耶夫、努里丁·舒库罗夫（1930—1995）、赛杜拉·米尔扎耶夫、伊斯罗伊尔·米尔扎耶夫、伊博杜拉·米尔扎耶夫等人的工作卓有成效。

在我们结束对20世纪撒马尔罕市历史的评论时，应该指出，从沙俄帝国到苏维埃政权时期，撒马尔罕的道路并不简单和容易。在苏联统治的75年里，撒马尔罕市的生活既有积极的变化，也有重大的损失。然而，尽管如此，撒马尔罕的普通人还是成功地将他们的家乡变成了东方最现代化的工业、文化和科学中心之一。

The
Biography
of
Samarkand

撒马尔罕 传

乌兹别克斯坦恢复独立后的撒马尔罕

第九章

撒马尔罕市不仅在乌兹别克斯坦历史名城体系中占有特殊地位，而且作为具有经济意义的现代城市，在共和国经济中占有特殊地位。乌兹别克斯坦1991年独立后，高度重视发展共和国各城市的经济基础设施，改革在私营经济、工业生产、贸易、对外关系和投资活动的发展方面取得了重大进展。

在独立后的几年里，撒马尔罕市已经成为一个生产中心，在那里发展了各种工业。特别是该市的轻工业企业——羊毛、丝绸、针织、缝纫、家具、鞋类、瓷器，食品工业企业——面粉、面食、茶叶、乳油、水果罐头、葡萄酒。啤酒、酒精饮料和软饮料、糖果生产企业引进了现代技术，加强了生产过程。

值得注意的是，20世纪90年代，居民对粮食，首先是谷物、马铃薯、肉类、牛奶和糖果产品的大部分需求通过进口来满足，但到2017年，96%的需求是在共和国生产的。这反过来又是推动食品工业增长的因素之一。

2014年，撒马尔罕地区工业企业总数为980家，其中建筑材料生产169家，轻工业143家，乳制品加工26家，肉类加工9家，其他类型产品再生产工业企业11家，还有另外622个其他行业的企业。

在独立后的几年里，该市的工业生产不断增长。例如，1994年撒马尔罕市工业企业的产值为13.417亿苏姆，2014年为22545亿苏姆，

2016年为31112亿苏姆。撒马尔罕市工业产品年产量的增长又增加了所占该地区份额，2015年达到48.2%。因此，满足了城市居民对新工作的需求，提高了收入和福利。

然而，在独立的头几年，由于供应问题，工业生产下降。

独立多年来取得的成就和成果是通过持续的经济改革和结构改革、生产现代化和多样化以及引进新的工业产品取得的。2010—2015年，工业发展的结果是：企业现代化、技术改造、重大投资，工业产值增长了2.5倍。

截至2015年，撒马尔罕市法人实体总数为6219个，其中工业企业1218个，建筑企业555个，农林企业89个，运输和通信企业197个。由于城市工业结构的变化，各部门之间的产品产量也发生了变化：与上一个五年期相比，化学工业增长了5倍，林业和木材加工业增长了1.6倍，机械和金属加工业增长了3.7倍，轻工业增长2.8倍，食品工业增长1.8倍，建材工业增长3.2倍。

在乌兹别克斯坦向市场经济过渡发生根本变化的时期，企业是市场经济的重要主体。因此，向市场经济过渡的第二阶段的最重要事项是制止生产下降，确保宏观经济稳定，实现企业、部门和国家的经济和财政可持续性。因此，可以更新工业企业中过时的设备和技术，安装能够满足时代要求的新设备，同时生产满足市场（时代）要求的新产品。例如，68%的针织和瓷器生产设备、85%的家具生产设备、90%的纺织品和缝纫设备都得到了更新。

撒马尔罕市是共和国最早开始销售卡车和公共汽车等运输工具以及烟草制品、家居用品、玻璃制品、家用电器、电子手表、方解石、香水肥皂、新型地毯和现代家具等家居用品的城市之一，并开始生产家居用品。此外，政府还采取了各种激励措施，使生产现代化，增加对现代技术的利用。特别是，希望购买国外生产的现代系列机器的自然人和法人免征关税。对新技术和低成本技术的使用给予了税收优惠。推出长期优惠银行贷款。

在本地化计划的基础上，全市生产了冰箱和空调，教学实验室设备、三轮摩托车、儿童塑料玩具、燃气灶、果蔬烘干柜等产品。在独立的最初几年，本地化产品的生产几乎不存在，但在2005年，其产量价值为2775904万苏姆。2013年为3449252万苏姆。

在撒马尔罕市本地化生产的头五年里，实施了78个项目，生产了价值42596811万苏姆的产品，因此，除了在该市经济中创造新的就业机会外，经济中对外汇的需求减少，对外贸易出现顺差。

今天，大型工业企业在城市经济中占有特殊的地位，特别是撒马尔罕州135家大型工业企业中的大部分位于撒马尔罕市。这些大型工业企业生产汽车、家用冰箱、过磷酸酯、氨基酸肥料、针织品、葡萄酒、大理石板、砖、沥青混凝土、瓷器等电气设备。

2015年，该地区有27家大型工业企业，其中14家位于撒马尔罕。该市大型工业企业生产的工业产品份额为62.3%，小企业和私营企业的份额为37.7%。这一增长主要是由于建立了新的工业企业和对现有设施进行了现代化改造。

在独立后，对企业的技术改造非常重视。特别是在"基纳佩"和"西诺"工厂建立了新型现代产品的生产。该市生产地毯和地毯制品。截至2021年底，该地区34家地毯生产企业的总产值为2920万苏姆。每平方米地毯和地毯制品的数量在2016年比2010年增长了2.3倍。

独立后进行的广泛经济改革进程成为撒马尔罕地区首次开办合资

企业的基础，其中大多数位于该地区的中心。众多合资企业已经开始运营。

撒马尔罕市的合资企业数量逐年增加。2012年，固定资产投资达5239亿苏姆，2014年外国直接投资达到14600万苏姆。越来越多的公司在世界市场上提供了有竞争力的产品。

2014年，撒马尔罕市注册了117家外商投资企业，2015年吸引了125家企业，出口额为18952600美元。2010—2015年估计出口公司的货物和服务出口总额为5.243亿美元。在此期间，区域出口额增长了4.2倍。进出口企业也增加了很多，2010年有76家企业从事商品和服务出口，到2017年增加到151家。

由于在工业领域建立的合资企业的发展，首先为国内市场提供了满足人民需要的必要产品，并成功地将其产品推向世界市场。全市成立纱线生产企业2家，地毯制品合资企业10家，其他大型合资企业75家。

2015年，这些企业的产值超过13.5亿美元。这一数字占该市工业总产值的42.1%。这反过来又有助于在外商投资企业的城市经济中创造更多的就业机会，使生产多样化，创造更多种类的产品，满足对外汇的需求。

截至2014年，共有8920人在合资企业工作。2016年，撒马尔罕州注册的外商投资企业数量为255家，其中240家目前在运营。其中，2010年撒马尔罕外商投资企业数量为89家，2016年为139家，2010年撒马尔罕经济产品出口地域为俄罗斯、哈萨克斯坦和独联体邻国，2016年扩大到英国、德国、拉脱维亚、奥地利、中国、阿联酋、伊朗、土耳其、阿富汗等10多个国家。

独立初期，在经济改革领域，"确保国家对私有财产的保护，这是建立多元经济的基础，停止剥夺财产，以一切措施发展主动性和坚持性"被确定为战略目标。

这一战略目标已经证明是有效的，以换取经济结构改革，继续现代化和多样化进程，为乌兹别克斯坦的小企业和私营企业开辟了广阔的道路。

2015年，该地区27家大型工业企业生产的工业产品份额为42.7%，小企业主体的份额为57.3%。这一增长主要是由于新的工业企业的建立和现有工业企业的现代化。

2014年，撒马尔罕市工业中小型企业的份额为33.4%，零售业为54.7%，居民有偿服务业为47.0%。2015年，全市成立小企业671家，总数4953家，比2010年增长102.8%。为了改善商业环境，实施了发展小企业和私营企业的"一窗"措施，为小企业和私营企业的发展创造更有利的条件。撒马尔罕"一窗"原则的实施简化了小企业主体统计和税务报告机制的系统措施，大大增加了个体企业家使用原材料的机会。

2014年，撒马尔罕市为发展小企业拨款3927.98亿苏姆。2015年，撒马尔罕市向私营企业家发放的贷款总额为5300亿苏姆。与2010年相比，增长了12倍。2015年，向小企业主体出租了1784个（165200平方千米）闲置空间。对他们来说，这对于开展新的活动、掌握现代有竞争力产品的生产以及由此产生的就业至关重要。

在独立的头几年，小企业在经济中的就业作用非常小，但到2014年，这一比例已达到70%。

撒马尔罕市也有从事外国投资的小企业。2005年，小企业的服务和产品出口量为385.1万件。2013年达到42691600美元。在此期间，小企业在产品出口中的份额增加了11倍。

物资丰富的市场

撒马尔罕市 2005 年的出口量为 14932100 吨。截至 2013 年，这一数字为 74658500 吨。在此期间，该市的出口潜力增长了 5 倍。该市经济进口量为 58283.3 万吨。2005 年，这一数字为 3.22602 万吨。2013 年，销售额增长了 5.5 倍。

在撒马尔罕市的经济中，这一时期的特点是对外经济活动中进口而不是出口水平的提高，以及工业本地化进程的发展。这反过来又增加了该市未来几年的出口潜力。

此外，该市还有很大的空间，可以通过生产能够在市场条件下取代进口商品的产品，促进服务业的超前发展和经济能力建设。

市场和购物中心在现代撒马尔罕市经济基础设施的发展中也占有特殊的地位。市里有许多商店和市场。

2014 年，撒马尔罕共有 1870 家非食品店、6 家超市、310 家食品店、

206家经营批发企业。这表明，撒马尔罕市的贸易和服务业蓬勃发展，这一部门在该地区经济发展中发挥着越来越重要的作用。

今天，我国各领域的现代化和改革工作呈现出全新的面貌，特别是，在共和国总统沙夫卡特·米尔济约耶夫的倡议下制定的《乌兹别克斯坦共和国进一步发展战略》法令的通过，使旨在改善国家和社会建设、保护个人利益的大规模变革达到了质的飞跃。

为了实现"发展战略"中规定的目标，共和国和撒马尔罕市政府普遍建立了自由化进程。特别是"人民接待处"和州、市、区哈基姆巡回接待处、服务领域的一站式服务中心对解决市民问题产生了积极影响。

政府特别注重在撒马尔罕建立新的经济基础设施，并在"进一步发展和经济自由化"方向"发展战略"的基础上，进一步发展该市落后地区的经济，特别是，2017年，经济和社会发展落后的卡塔库尔干和科什拉巴特地区制定了综合发展计划。这些工作已经完成。

2017年，撒马尔罕进行了经济改革，在工业、服务业和农业领域等社会经济发展综合方案的基础上，实施了2298个项目，总金额为20076亿苏姆，创造了22498个工作岗位。特别是在工业领域实施了311个项目，价值8738亿苏姆，雇用了6906人。

根据地区统计局的数据，2018年1—6月，撒马尔罕新建了724家企业，大多数在工业、商业、建筑和服务业领域。此外，还计划在医疗保健、信息和通信领域建立新的企业。

截至2019年9月1日，撒马尔罕市在国家注册的创业主体数量为8443个，占该地区创业主体的32.7%。与2018年的数据相比，2019年该市的创业主体数量增加了2.1倍。

在2017—2019年实施改革的基础上，重点是改善人民生活。因此，撒马尔罕地区实施了一系列计划，对一些住宅区进行了大修。例如，在撒马尔罕市，乔姆村在 2018 年、朱什村在 2019 年进行了翻修，在"奥博德·基什洛克"计划的支持下获得了新的面貌。

独立后，撒马尔罕的一些集市被重建和改善，为客户提供了良好的营商环境，以提高市场对公众的服务质量。市场已成为该市经济和社会基础设施增长的主要驱动力之一。撒马尔罕现有市场的特点是，它们不仅为城市居民服务，而且为整个地区服务，这反过来又成为该地区经济发展的基础。市场的复苏和发展对运输、通信、道路建设、就业和其他经济部门产生了积极影响。这是一个重要因素，因为撒马尔罕的城市贸易体系不仅被视为乌兹别克斯坦的战略组成，而且撒马尔罕被视为外国在共和国开展贸易活动的重要场所。

维护和服务

服务业在共和国经济的可持续发展中发挥着重要作用。在我国进行的所有改革中，人民的利益放在首位。基于此，所有服务部门的活动旨在为公民创造体面的生活方式。服务业是城市经济可持续发展的最重要源泉和要素。

截至 2018 年 10 月 1 日，撒马尔罕地区人口 377.78 万人。与上年相比人口增加了 57811 人，增幅为 1.6%。其中，城市人口 140.77 万人，农村人口 237.01 万人。

根据 2014 年向居民提供的贷款指标，撒马尔罕市的贷款量为

80933920万苏姆。这表明，与2012—2013年相比，该行业的增长率为118.5%。2014年，向居民提供的贷款达158.32万人次。2010—2015年实施了1556个项目，发放了561亿苏姆的资金。这些贷款包括商业银行贷款169亿苏姆，创造了15041个新工作岗位。

该市广泛发展了按经济活动类型提供的服务，特别是通信和信息化、编程服务、金融、交通、建筑、旅游、贸易和餐饮、教育、卫生、机械和设备维修以及生活服务。

2014年的服务总量指标显示，这类经济工作所产生的金额近三亿苏姆。与2013年相比，增长率为123.0%。2014年，95个服务项目全面启动，投资1280万美元，新增就业441个。

近年来，撒马尔罕市的家庭服务企业数量不断增加。截至2015年，该市共有4712个家庭服务点。其中，个人缝制鞋类85家，缝制服装、毛皮针织和皮革制品、头饰和纺织品114家，修理家用机器和工具、采购和修理金属制品33家，维修运输设备74家，修理和制造家具40家，制造钥匙2家，干洗店11家，洗衣店1家，修理住房5家，摄影和电影服务实验室42个，桑拿服务店7个，理发服务店238个，租赁服务店22个，运输服务公司433个，其他类型的家庭服务公司3645个。

在独立的最初几年，家庭服务主要由国家提供，但到2015年，完全由私营实体提供。

为了提高向居民提供的交通服务质量，创造便利，2010—2015年在撒马尔罕市建立了57条客运路线（公共汽车）。在这些路线上，601辆新巴士开始为公众服务。

2005年，塔什干—撒马尔罕高速列车以列吉斯坦的名字开通。2014年起，费尔干纳河谷、塔什干市和塔什干州的居民可以乘坐"阿芙罗西亚普号"前往撒马尔罕进行为期一天的旅行。

2015年该市旅游服务业产值449亿苏姆。与2010年相比，增长了2.6倍。2010—2015年，购买并推出了约50辆专用现代旅游巴士，将该部门的服务提高到新的质量水平。

独立以来，该市居民的生活条件日复一日地得到改善。截至2016年1月1日，家用电器普及率达到92.5%，计算机普及率达到71.5%。

总之，服务业的人均收入比2010年增长了4.1倍，达到691.26万苏姆。这表明，城市居民的生活水平近年来一直在上升和发展。

城市预算和就业问题

该市经济的快速发展影响了预算的收入和支出。2007年撒马尔罕市预算收入为293.831亿苏姆。2013年为727.249亿苏姆。在地区预算收入部分中，撒马尔罕市2007年预算收入部分为全撒马尔罕区的8.8%，2013年达到了9.6%。2007年人均预算收入为74700苏姆。这一数字在2013年达到14.36万苏姆。2007年，城市预算支出为248.74亿苏姆。2013年为141.7289亿苏姆。从2007年到2013年，人均收入在地方预算中的比例增加了1.9倍。

2016年全市地方预算总支出为213.381亿元。其中，计划用于社会部门支出的资金为184.751亿苏姆，占总开支的86.4%。值得注意的是，在城市预算中，用于社会部门的支出占预算支出的大部分。特别是2015年，该市地方预算总支出为1934亿苏姆。社会部门支出的资金为1599亿苏姆，占当年总支出的82.7%。这项计划的目的是提高妇女地位。

2018年上半年，本市地方预算采取了一定的措施，以确保高质量、高效率地执行。结果，城市预算收入部分完成了112.6%，而不是计划的338.374亿苏姆，实际收入为381.104亿苏姆，增加了42.73亿苏姆。这确保了该市地方预算支出方面的计划得以实现。

社会支出的大部分用于教育机构的维护和发展，达到534亿苏姆，占社会部门支出的33.3%。所有这些都表明，该市的经济增长以及由此产生的预算增长有助于社会发展。

1997年撒马尔罕地区经济从业人口为89.29万人，其中就业人员88.8万人，占经济从业人口总数的99.5%。撒马尔罕市就业人数为15.72万人。失业人员只占经济从业总人口的0.5%。

2006年，全区经济从业人口108.5万人。其中，经济就业人员108.32万人，占经济从业人口总数的99.8%。失业人数为1800人，占经济从业总人口的0.2%。在就业的1083200人中，有90300人在撒马尔罕市。2014年，年均劳动年龄人口36.46万人，从事经济活动人口29.87万人，就业人数平均27.86万人。按行业分布，农业1.39万，工业4.18万，建筑业3.06万，交通运输1.95万，通讯0.84万等。

共和国政府、州、区和市政府活动中最重要的任务之一是不断和定期增加新的就业机会，以解决失业问题。在这方面制订的特别方案的基础上，每年都制订创造就业机会的具体计划。特别是2013年，撒马尔罕市的服务业计划分配5801个工作岗位，但实际创造了6674个工作岗位，完成了既定计划的115%。

根据2017年通过的《社会领域的发展战略》第四个议题，撒马尔罕市高度重视实施提高居民就业、公民社保和医保、发展汽车运输、机械制造和通信以及社会基础设施的措施。向1万名教育机构毕业生提供了创业贷款，在职业学院的基础上组织了短期课程，对每个地区的失业公民进行职业培训和再培训，至少300名年轻人在职业培训中心接受职业再培训。由大韩民国出资在塔什干和撒马尔罕建立的中等专业和职业教育机构增加了对农业、制造业、住房和公用事业领域专家的培训。

应该指出的是，独立多年后，撒马尔罕市的经济已经在共和国赢得了一席之地。在该市，大大小小的工业企业以及合资企业的产量都有所增加。在2018年3月18日至19日米尔济约耶夫总统访问撒马尔罕市期间，对全市服务业发展、小微企业和民营企业发展作出了重要指示。

科学和教育机构

撒马尔罕市自古以来被认为是科学和文明的中心，在共和国时期，科学、教育和文化领域也占有领先地位。这是由于独立以来在这些领域进行了广泛和持续的改革。然而，在独立前夕，这方面出现了巨大的问题，社会文化机构的活动无论在形式上还是内容上都不能满足时代和国家发展的要求，也不能满足人民的精神需求。

撒马尔罕市的教育也存在这样的问题。前政权遗留下来的社会文化机构在独立以后得到了全面重建。在这方面的法律、方案、决定和法令的实施过程中，特别注意进行一系列古今建筑的维护和建设工作，更新物质和技术基础，确保现代化的条件和设备。

在独立的头几年，特别是1994年，撒马尔罕市建造了141所学前教育机构和69所普通教育学校，共有67762名学生。到2009年，全市学前教育机构减少到106所，普通教育学校数量增加到71所，学生人

新建学校

新建学校的运动场所

数增加到597600人。2019年，撒马尔罕市的学校数量达到80所。该市学前教育机构数量减少的原因是，由于校舍陈旧和运营不当，部分学前教育机构关闭。该市包括邻近村庄领土扩大，故学校数量增加。2017年，撒马尔罕市学前教育机构数量为108所，中等专业和职业教育机构数量为28所。

独立的这些年里，城市学校配备了现代化的教学器具、教学用品和实验室设备。特别是，全市66个物理实验室、29个生物实验室、33个化学实验室配备了新设备。此外，学校还配备了计算机设备、教科书、教学材料和体育器材，并加强了物质和技术基础。51号、35号、22号、6号、30号、27号、38号、59号学校修建了体育馆，新建了6所儿童音乐艺术学校。

第13、53、76号普通学校新建了1230座校舍。

14所中学：第15号、17号、22号、26号、32号、38号、46号、48号、62号、66号、67号、68号、75号、77号再次完全重建。新增教学楼7242个。此外，还有31所学校24850个名额和24所学校21247个名额。国家预算拨款数百亿苏姆用于一般建设和维修工作的实施。

撒马尔罕市公共教育机构支持与组织部共经营学前教育机构108所，其中特殊学前教育机构3所（第57号、60号、78号）。其中第57号学校的校舍是现代化建筑，第38号学校校舍经过了现代化改造。

2014年，根据撒马尔罕地区政府的地方投资计划，可容纳140个学生的第15号学前教育机构投入4.41亿苏姆。2015年3所学前教育机构700张床位——第27号、81号、112号——花费1702457苏姆。撒马尔罕教育机构的这种建设和创造性工作一直持续到今天。教育机构正在进行改善和美化工作，包括种植罗勒和花卉幼苗、观赏树和果树，

在总统倡议下，决定在乌兹别克斯坦共和国内阁下设立伊玛目布哈里国际研究中心

以及创建学校花园。

目前，撒马尔罕有10多所高等教育机构（包括外国高等教育机构的分支机构）。2014年，撒马尔罕现有高等教育机构雇用了173名理科博士和863名理科副博士。

普通教育机构的学生/教师比率是提供有关我国教育系统状况重要信息的指标之一。2016年，撒马尔罕市普通教育学校教师与学生人数如下：

学生人数72254人，教师人数3964人，学生与教师的比例为约18:1。

撒马尔罕有若干科学中心，尤其是中亚科学研究所、以叶海亚·古洛莫夫命名的考古研究所、卡拉库尔育种与沙漠生态研究所、以G.M.命名的园艺、葡萄栽培和酿酒研究所、蔬菜瓜类和马铃薯科学研究所、撒马尔罕基地部、区域农业研究中心、寄生虫学研究所、乌兹别克斯坦兽医研究所等，设计机构有撒马尔罕国家土地复垦和水资源设计研究所。

2017年3月，共和国总统决定在乌兹别克斯坦共和国内阁下设立伊玛目布哈里国际研究中心。在总统的倡议下，计划在伊玛目布哈里中心建立"圣训学校"，研究和广泛推广为伊斯兰宗教发展作出无与伦比贡献的科学家的成果。

近年来，该市在科学和教育领域开展的工作规模很大。这方面的一个明显例子是在教育机构进行的建筑和安装工程，发展其物质和技术基础，配备现代教育设施。

文化生活设施

自独立以来,撒马尔罕市在组织和改革文化机构方面做了大量工作,包括物质和技术基础、建筑物、设备,人们的精神面貌也因此焕然一新。2017年,撒马尔罕开设了4个大型公共图书馆、撒马尔罕艺术博物馆保护区、3个剧院——以哈米德·阿里姆詹命名的撒马尔罕地区乌兹别克国家音乐戏剧剧院、以契诃夫命名的俄罗斯戏剧剧院、木偶剧院,2个电影院和一个城市电视演播室。

撒马尔罕市建立了一系列机构,为居民提供充分的娱乐。2017年,该市开设了3个文化休闲公园、65个图书馆,1个信息资源中心,共有6473个藏品。

在城里的乔巴诺塔山附近建了扎拉夫肖恩度假屋、文化中心和粟特休闲公园、阿夫松儿童水上公园、德里芬网球场和阿芙罗西亚普游泳综

水上公园

合体等。

此外，撒马尔罕还建立了24个可容纳2650个座位的儿童体育设施、7个体育场馆、125个体育馆、253个运动场、6个室外和室内游泳池、15所可容纳1100个座位的音乐和艺术学校。然而，研究发现，由于城市人口每年都在增加，游客人数也在增加，公园、游泳池和各种娱乐设施的活动、社会和文化设施没有按照现代要求组织起来。

《乌兹别克斯坦共和国进一步发展战略》关注这一问题，并计划在2017年在撒马尔罕建设一个动物园，以确保居民，特别是年轻一代的文化娱乐。

2019年3月19日，撒马尔罕市在落实乌兹别克斯坦共和国总统提出的"五大倡议"构想的框架内举办了一系列活动。这些活动包括著名作家、诗人、艺术家与青年聚会、书展、排球、足球、摔跤、乒乓球运动比赛、免费体检和"议员与青年"会议。这些活动在地区中心、高等教育机构和军事单位举行。此外，在这项倡议的框架内，还非常重视让青年人参与文学和艺术、体育、计算机扫盲和妇女就业。

保护该市的文化遗产是一项特别重要的任务。截至2018年，撒马尔罕州共有2589处文化遗产，其中1501处考古遗产。地区博物馆拥有超过243000件历史文物。地区博物馆和历史古迹每年平均60万至62万人次参观。据估计，该国游客约有54万至55万人次，外国游客7万至8万人次。

2010—2014年，乌兹别克斯坦国家文化历史博物馆、米尔佐·乌卢格贝克博物馆综合体、撒马尔罕市历史博物馆、地区地方志博物馆、萨德里丁·艾尼故居博物馆都进行了修复和美化，并举办了新的展览。

撒马尔罕市历史博物馆位于撒马尔罕的阿芙罗西亚普遗址上。博物馆的展厅展示了从公元前一千年开始到13世纪初的城市历史。博物馆收藏了丰富的陶瓷、玻璃、石头、金属、骨头、塑料和建筑图案，照亮了撒马尔罕的物质文化史。博物馆有11个展厅，有20000多件文物。这些展品的大部分在博物馆展出，其余的存放在博物馆藏品中。

2007年，为了纪念撒马尔罕市建市2750周年，博物馆二楼的展厅重新开放。中亚穆斯林复兴时期的历史和文化是根据在阿芙罗西亚普地区发掘的文物来描述的。展品的主题反映了撒马尔罕从9—13世纪的物质文化史。

位于商人艾布拉姆·卡兰塔罗夫院子里的地方历史博物馆的展览由人文历史和自然历史部门组成，名为"昨天和今天"，由名为"加入"的国际组织赞助。该博物馆包含独特的杰作，可让观众了解我们国家的人文和自然历史。

今天，乌兹别克斯坦有130多个民族。撒马尔罕的人口几乎包括所有这些民族的代表。根据乌兹别克斯坦共和国第一任总统的倡议，共和国国际文化中心于1992年成立。该中心的活动对确保国家的民族和谐和在社会中确立包容原则具有重要意义。值得注意的是，根据2017年5月19日第PF-5046号总统令，在乌兹别克斯坦共和国内阁下属共和国国际文化中心的基础上成立了"民族间关系与外国友好关系委员会"。

位于撒马尔罕的国际文化中心已成为不同民族儿童友谊的独特家园。这里定期举办各种节日、研讨会和其他活动。2017年，该市有亚美尼亚语、韩语、鞑靼—巴什基尔语、波兰语、塔吉克语、德语、希伯来语、希腊语、俄语、乌克兰语、白俄罗斯语、土耳其语文化中心和阿塞拜疆人协会地区分会。

值得注意的是，各民族文化中心对保存和发展居住在城市和其他地区的民族群体的语言、文化和传统以及维护民族间和谐所作的贡献各不相同。

撒马尔罕市有 10 多座清真寺，在独立后的这些年里，这些清真寺进行了许多建筑安装、美化和绿化工程。这种精心安排和美丽的景色证明了我国对伊斯兰宗教的高度重视。此外，该市为其他宗教的信徒也创造了平等的权利和机会，寺庙的运作是宗教宽容的生动表现。

撒马尔罕市与世界各地的城市建立了不同层次的联系。特别是"姐妹城市"——撒马尔罕和中华人民共和国山东省济南市和青岛市建立了广泛的文化联系。根据两国之间的协议，将在各个层面开展文化活动和合作。这是积极影响撒马尔罕旅游潜力的因素之一。

卫生保健机构

20 世纪 90 年代初，乌兹别克斯坦拥有相当发达的医疗保健系统。建立了完善的门诊和医院网络，开展预防工作，为儿童接种疫苗，对医务人员进行连续培训、再培训和提高技能。

独立以来，乌兹别克斯坦建立了国家保健模式，提高了向人民提供的保健服务水平，改善了人民的健康指标。2002 年，撒马尔罕有 37 家医疗机构，床位为 5626 张，2006 年有 5791 张。截至 2016 年，医院数量为 48 家，病床数量为 4935 张。

近年来，撒马尔罕医院为患者创造的条件符合现代要求。2017 年，城市医院每千人床位数 93.7 张，医生 78.6 人，护士 166 人。

为改革保健制度所采取的措施进一步提高了保健服务水平，改善了

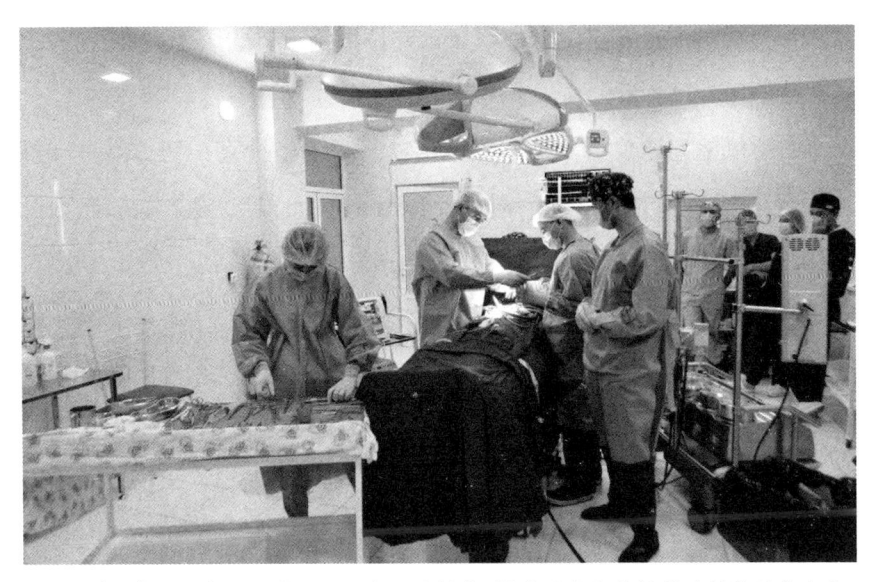

独立以来,乌兹别克斯坦建立了国家保健模式,提高了向人民提供的保健服务水平,改善了人民的健康指标

人民的生活条件。因此,根据2016年的数据,乌兹别克斯坦居民的平均寿命从67岁到72.5岁不等,其中男性的平均寿命从66岁到72岁,女性的平均寿命从70岁到74.6岁。天花、痢疾、小儿麻痹症、百日咳、炭疽、鼠疫、霍乱和其他对社会有害的传染病已被完全消除。

2007—2013年,伊斯兰开发银行向共和国紧急医疗援助中心撒马尔罕分部捐赠了78种医疗设备,柯菲基金捐赠了435种医疗设备,7辆现代汽车和61辆达马斯救护车。

截至2014年,该市共有1375名医生和4076名护士,其中262名医生(19.5%)和904名医务人员(22.5%)拥有高级职称。

在撒马尔罕市,除了公立医疗机构外,还有私立医院和综合诊所。部分私立医院和综合诊所在治疗患者方面更是取得了积极成果。该市的私人诊所配备了最先进的医疗设备，并使用高素质的医务人员。此外，这些诊所还为患者提供高水平的服务。

妇幼保健问题成为医学的优先事项。2016年被宣布为"健康母亲和儿童年"，这清楚地表明，对妇女和儿童健康、解决孕产妇和儿童保护问题、培养健康一代的关注已经上升到国家政策的高度。

根据乌兹别克斯坦共和国内阁1998年4月1日第140号法令，在撒马尔罕地区建立了"母婴筛查中心"，这是一个预防先天性畸形的独特国家系统。建立了对新生儿和孕妇的先天性和其他疾病的早期检测。在日本的资助下，该中心配备了一台高科技德尔菲机器、一台超声波扫描仪和实验室设备。此外，为了实现城市中心医院内外科的医疗系统现代化，购买了2.3亿苏姆的超声扫描仪、支气管纤维镜、食管胃十二指肠镜、结肠镜和X射线设备。

该地区用于保健的资金逐年大幅增加。2007年，州政府拨款3亿苏姆，用于支持农村地区的发展。新建了4个二层楼高的家庭咨询综合服务诊所。

撒马尔罕市1号妇产综合设施被转移到一座全新的建筑中，并配备了现代化的高科技设备。2000年，拥有330张床位的共和国紧急医疗科学中心开始运作。该中心设有22个临床科，其中4个为复苏科（神经复苏、外科复苏、躯体复苏和儿童复苏）。该中心现有医生354人，其中医学博士3人，医学副博士20人，副教授4人，高级医师129人，一级医师73人。在该中心的基础上，撒马尔罕医学院有10个系和450名中级医务人员。

"发展战略"的实施中，特别关注各地区慈善之家等机构的维修和装备。特别是在2017年，撒马尔罕在萨霍瓦特住宅楼、卡塔库尔100

个社区楼、疗养院的建设和重建，在乌尔古特区"穆鲁瓦特"残疾人之家的建设和重建等。

根据"发展战略"计划，2017年重建了78个地区医疗协会、7个城市和2个地区多学科医疗中心，为紧急医疗服务提供1200辆专用车。为了确保农村医疗站的正常运作，实施了一个为其医生在工作地点附近建造住房的项目。2017年，计划在我国农村地区新建1.5万套经济适用房，其中包括撒马尔罕地区1758套各类住宅，包括撒马尔罕鲁达基街405套住宅的9栋5层住宅。此外，在世界银行的参与下，计划重建撒马尔罕市的下水道系统，在欧佩克和沙特阿拉伯基金的参与下，实施一个改善撒马尔罕地区库什拉巴茨基区农村居民饮用水供应的项目。

由于撒马尔罕市在独立后开展了卫生和流行病学工作，该市的医疗服务得到了改善。除了本市的病人外，许多邻近地区的病人也到该市医院求诊。这表明撒马尔罕的医疗机构配备了合格的医务人员和现代化的技术设备。医疗机构的恢复、重建和配备现代化医疗设备是满足居民在这一领域需求的一个重要因素。

体育设施

独立后，撒马尔罕市为发展体育进行了大量的实际工作。全市学前教育机构、普通教育机构、职业学院、高中和高等教育机构的体育设施得到了全面修复和重建。今天，该市有两个体育场"斯巴达克"和"迪纳摩"以及24个儿童体育设施，可容纳2650个座位。

撒马尔罕市开展了一系列活动，吸引年轻人参加体育活动。由于有效利用了全市现有的486个体育设施，一些体育项目取得了成功。

2013—2014年，撒马尔罕举办了五届国际体育比赛。这些赛事包括挑战者国际网球锦标赛、亚洲手球杯、泰国拳击丝绸之路国际锦标赛、第十五届亚洲皮划艇和独木舟锦标赛、第十九届亚洲青少年划艇锦标赛。

撒马尔罕市展开了一系列重要工作，发展儿童体育，加强体育设施的物质和技术基础，并根据现代要求为其配备设备。

2003年到2015年，在儿童体育发展基金会的资助下，全市共建造和改造了26个设施。重建了6个体育馆、3个体育馆、6所音乐艺术学校、10个体育设施和1个游泳池。独立后在体育领域取得的成就和正在建设的体育设施使53.3%的6—15岁青少年参加了体育活动。

撒马尔罕有足球、跆拳道、泰拳、艺术体操、竞技体操、拳击、举重、国际象棋、乌兹别克武术和手球等体育活动。通过对儿童体育设施运行效率的分析，发现全民教育系统65个体育馆的容量为35840人，体育馆的日均容量为9.9小时。

撒马尔罕市儿童体育的发展不仅意味着要在公共区域建设体育设施，还意味着关注个人和家庭体育的发展，这导致了这方面指标的权重增加。因此，该市计划在全市范围内开展系统的宣传工作。在独立后的这些年里，该市对体育运动的重视程度提高到了国家政策的水平。

因此，撒马尔罕社会文化机构数量的增加及其物质技术基础的发展遵循了现代城市的特点，有助于改善公民的生活方式。

修复历史遗迹和改善博物馆

不仅在乌兹别克斯坦，而且在全世界，撒马尔罕都被称为东方古老而著名的城市之一。一位19世纪中叶来到我国的俄罗斯研究人员对这座城市的面貌印象深刻，他说："世界上很少有城市像撒马尔罕那样地理位置优越、美丽、雄伟。每个人都怀着敬意和羡慕的目光注视着已经存在了几个世纪的宗教学校、清真寺和陵墓，从帖木儿的陵墓到谢赫·静达陵园。"

即使在今天，这座城市的古迹，旧城的废墟，作为它辉煌过去的证据，也极具价值。撒马尔罕也被认为是一片恩典之地，数百名圣徒和伟大指挥官的骨灰永远安葬于此。据该市居民称，每周至少参观一次撒马尔罕圣地，会感到精神得到净化和更新。

多年来，这个肥沃地区的民族及其精神和文化遗产一直被忽视。在20世纪60年代和80年代，这座城市的历史遗迹被建造和修复，但没有得到足够的重视。

2005年10月20日，联合国教科文组织大会通过了一项特别决定，认定撒马尔罕市的历史为2750年。2006年7月25日，乌兹别克斯坦共和国总统通过了《关于筹备和举办庆祝撒马尔罕2750周年庆典》的决议。2007年，国际社会广泛庆祝撒马尔罕市建城2750周年。在周年纪念前夕，除了大规模的建筑和安装工作外，还对历史古迹进行了大修，并对它们周围的地区进行了美化。

撒马尔罕有1000多处历史古迹。有73座重要的纪念物建筑，由撒马尔罕地区文化遗产保护局管辖。

撒马尔罕宗教学校和清真寺的荣耀传遍了整个穆斯林世界，许多外

修复后的帖木儿陵墓

修复后的谢赫·静达陵园

国人来到这座城市参观和朝拜。撒马尔罕的哈兹拉特·希兹尔清真寺、比比·哈内姆清真寺、兀鲁伯神学院、舍尔·多尔神学院、吉利亚·科里神学院、纳迪尔·迪万别基神学院等历史和文化古迹在穆斯林世界占有特殊地位。

2001年通过了《文化遗产保护和利用法》，旨在保护和规范我国历史遗迹的使用。2002年7月29日，乌兹别克斯坦共和国内阁通过了《关于进一步改善文化遗产保护和利用的措施》的决议。根据该决议，包括撒马尔罕地区在内的各地区成立了协调文化遗产保护和利用的部门间委员会，并开展了保护和修复文化遗产的工作。2011年，还制定了《保护撒马尔罕历史古迹的决议》，根据该决议，计划重建列入城市总体规划的历史古迹。值得注意的是，目前撒马尔罕登记的物质文化遗产有1851处，其中考古遗址1105处，建筑遗址670处，地标37处，纪念性遗址18处，其他遗址21处。撒马尔罕可以说是一座让人敬仰不已、仁爱永恒、拥有罕见文化和伟大未来的城市。

撒马尔罕市有许多历史古迹，其中大部分是在独立后重建的。列吉斯坦广场是中亚最大的文化综合体，独立后经过精心修复。根据2011年6月7日内阁关于研究、保护和修复撒马尔罕市文化遗产以及有针对性地使用的计划，开始了舍尔·多尔神学院的修复工程。2013年，舍尔·多尔神学院西北部的一个教室和兀鲁伯神学院东北部的一个内部圆顶被修复。

2017年9月2日，乌兹别克斯坦共和国第一任总统伊斯拉姆·阿卜杜加尼耶维奇·卡里莫夫纪念碑在广场上竖立。

1996年为了纪念帖木儿诞辰660周年、1994年为了纪念兀鲁伯诞辰600周年以及2009年，列吉斯坦广场的陵墓先后进行了多次翻修。此外，在撒马尔罕 2750 周年之际，比比·哈内姆综合建筑群也进行了修复。

2010 年，对兀鲁伯天文台进行了修复，建造了列吉斯坦地区的象征之一兀鲁伯博物馆，竖立了兀鲁伯雕像。博物馆展出了帖木儿帝国时期的地图、各种史料以及欧洲各国国王写的信件副本。博物馆里有那个时代的伟大天文学家兀鲁伯的画像，伟大科学家贾拉鲁丁·鲁米、阿里·库什奇的肖像，他们对当时的科学和文化作出了巨大贡献，还有当时铸造的钱币。

2004 年 7 月 16 日第 337 号政府令《关于在谢赫·静达陵园中组织修复和景观美化工作》对于组织该建筑群的修复和景观美化工作具有重要意义，该建筑群被认为是中亚地区的建筑杰作。在此基础上，对谢赫·静达陵园进行了加强纪念装置的工作，在技术上加强了幸存部分，恢复了丢失的墙壁建筑结构，保存和恢复了幸存建筑的装饰涂层，排出雨水并改善通往陵园的通道。

在乌兹别克斯坦共和国第一任总统伊斯拉姆·卡里莫夫的倡议下，1996—2009 年对霍奇·达尼亚尔陵墓及其周围地区进行了修复和景观美化工作。2012 年 11 月至 2013 年 8 月期间，在这方面开展了最重要的工作。例如，一条用烧砖砌成的通往陵墓的主要道路，多年来受到冰雪雨淋的影响，因此在其原处修建了宽阔舒适的大理石楼梯。19 世纪下半叶，塔什干和撒马尔罕的工匠们建造了一座宏伟的新门廊，以取代破旧的门廊。

2000 年，我国广泛庆祝了阿布·曼苏尔·莫图鲁迪 1130 周年纪念日，在撒马尔罕乔卡迪兹公墓上方修建了一座新陵墓。周围的环境得到了改善。

在撒马尔罕市博物馆的复兴方面做了大量工作。对博物馆和历史古迹进行了大规模的整修和装备。今天，撒马尔罕国家博物馆保护区管理着撒马尔罕市的乌兹别克斯坦国家文化历史博物馆、阿芙罗西亚普博物馆、乌兹别克斯坦历史和地方研究博物馆、兀鲁伯博物馆综合体、霍贾·达尼亚尔陵墓、莫图鲁迪建筑群、帖木儿陵墓、哈兹拉特·希兹尔和比比·哈内姆清真寺等。

截至 2015 年，撒马尔罕国家博物馆保护区的藏品超过 21 万件。为了进一步充实博物馆，保护区成立了一个采购委员会。2015 年，共收到 768 件博物馆物品，并对其进行了必要的处理，以防止损坏。

近年来，每年 9 月 2—8 日，撒马尔罕国家博物馆保护区系统都会举办"博物馆周"活动。此外，2014 年在新落成的乌兹别克斯坦国家文化历史博物馆大厅内还举办了"独立展览"，以纪念乌兹别克斯坦共和国独立 23 周年。2015 年第一季度，在节日期间，综合美术馆举办了五次展览活动，主题是"花枝招展""我是国家的快乐孩子"和"旋律盛宴"等。

1994 年 12 月 29 日，乌兹别克斯坦内阁颁布法令，为"纪念埃米尔·帖木儿诞辰 660 周年"，陵园保护区的哈兹拉特·希兹尔清真寺进行了大量的修复工作，清真寺附近的阿兹井也被清理干净，恢复了古老的状态。2018 年，该建筑群又进行了翻修，在清真寺后面建造了乌兹别克斯坦首任总统伊斯兰·卡里莫夫的陵墓。

1996 年，撒马尔罕市被授予埃米尔·帖木儿勋章。从那时起，每年的 10 月 18 日都会庆祝撒马尔罕市日。2008—2014 年撒马尔罕市的历史古迹得到了修复，包括列吉斯坦广场、谢赫·静达陵园、撒马尔罕国家博物馆保护区等文化遗产。

哈兹拉特·希兹尔清真寺

乌兹别克斯坦首任总统伊斯兰·卡里莫夫陵墓

2001年,在芬兰举行的联合国教科文组织第25届会议上,撒马尔罕的历史和建筑古迹以"撒马尔罕——文化交汇之地"的名称被列入世界遗产名录。

在乌兹别克斯坦独立后的岁月里,撒马尔罕市吸引了世界上具有影响力的国家和组织领导人,并多次在此举行国际会议。2014年5月15—16日,"撒马尔罕论坛"举行了"中世纪科学家和东方思想家的历史遗产在现代文明中的作用和意义"国际科学会议,来自美国、英国、意大利、中国、韩国、德国、日本、印度、埃及、马来西亚、沙特阿拉伯、科威特、法国、俄罗斯、阿塞拜疆、荷兰以及国际组织和科学中心的领导人和代表等,共有149名科学家参会。与会者参观了撒马尔罕的历史和文化古迹,考察了独立多年来进行的建筑和景观美化工作,参加了教育和科学机构的活动。

1997年以来,撒马尔罕每两年举办一次"东方旋律"国际音乐节,今天已成为世界艺术界人士最喜爱的节日之一。1997年,来自31个国家的代表参加了第一届"东方旋律"国际音乐节。参与者的地域范围逐年扩大,到现在已有80多个国家的代表参加。在国际知名报纸和杂志上发表有关节日的文章表明,乌兹别克人民的文化受到国际社会的高度重视。例如德国《柏林布拉特报》主编福尔克·内夫说:"我在列吉斯坦广场观看了第十届'东方旋律'国际音乐节的开幕式。伊斯兰·卡里莫夫总统跳舞,展示了他对我们的尊重。我参加了许多音乐节,但没有一个能与东方旋律国际音乐节相提并论。"此外,安德烈·加布里埃尔·普罗旺斯乐队的音乐家格拉齐亚·纪尧姆表达了他的喜悦,他说:"撒马尔罕给我留下了深刻的印象。我仿佛置身于一个童话故事中,看着城市的历史古迹,我羡慕撒马尔罕人生活在这样一个美丽的城市里。

我很高兴成为东方旋律国际音乐节的一员。"

2015年8月25—30日,列吉斯坦广场举办了激光表演和3D音乐表演,使第十届"东方旋律"国际音乐节更具吸引力和现代性。建筑综合体和圆形剧场的照明系统也进行了全面改造,以适应最新技术。

"东方旋律"国际音乐节在保存、普及和发展东方民族独特的民族音乐和歌唱艺术样本方面具有无与伦比的意义,并在此基础上进一步加强民族间的文化和教育交流,影响力逐年上升。

2019年8月26—30日,来自75个国家的340多名代表参加了第十二届"东方旋律"国际音乐节,庆祝活动在50多个国家进行了现场直播。

"东方旋律"国际音乐节在当代世界音乐节中享有特殊的地位。作为联合国教科文组织国际文化活动的一部分,这个艺术节具有政治和精神意义,对来自世界各地的艺术家,无论其国籍、语言、宗教或种族,都具有重要意义。

发展旅游服务和基础设施

撒马尔罕拥有丰富的历史古迹,被认为是乌兹别克斯坦旅游业发展最具优势的城市之一。在此基础上,1995年乌兹别克斯坦共和国总统令将撒马尔罕开发为经济旅游区。

为了发展我国的旅游业并确保其前景,根据乌兹别克斯坦共和国总统令和内阁决议,1992年成立了国企乌兹别克斯坦旅游公司及其区域分支机构。1999年8月20日通过了《旅游法》。2004年,世界旅游组织"丝绸之路区域中心"在撒马尔罕开幕。

近年来，共和国在旅游业发展领域开展了一系列有效的工作。2016年12月2日，乌兹别克斯坦共和国总统米尔济约耶夫颁布了第PF-4861号法令《关于确保乌兹别克斯坦共和国旅游业加速发展的措施》。根据该法令，国企"乌兹别克旅游公司"被取消，并在其基础上成立了国家旅游发展委员会，该委员会被定义为旅游领域的授权国家机构。2018年3月16日米尔济约耶夫总统颁布的《关于2018—2019年进一步发展撒马尔罕地区旅游业的附加措施》的法令具有历史意义。全市新建旅游接待点108个，旅行社85家。此外，2017—2021年乌兹别克斯坦共和国进一步发展的"行动战略"确定了在旅游领域开展的工作。

值得注意的是，地方、州和共和国政府对旅游组织实施旅游服务的支持是旅游业发展的重要因素。以撒马尔罕为例，要为旅行者做好准备，体现该地区居民的热情好客，员工和导游口译员的数量、服务质量以及城市基础设施的良好状况等，是这片古老土地与全球旅游市场其他对手竞争的重要因素。

2001年，撒马尔罕市整体包括境内的许多文化遗址被联合国教科文组织列入世界文化遗产名录。

世界银行前行长詹姆斯·沃尔芬森访问撒马尔罕时说："40年里，我几乎走遍了世界各地，但从未见过撒马尔罕这样的城市。"美国游客说："世界上只有一个巴黎和一个撒马尔罕。"一本广受欢迎的法国杂志指出："撒马尔罕正在成为一个激发想象力的城市。如果你闭上眼睛，用温柔的语气说出'撒马尔罕'这个词，想象中就会出现一系列美丽而神奇的场景，就像童话故事中的场景一样。"

撒马尔罕被所有访问乌兹别克斯坦的国家领导人、科学家和文化代表公认为"旅游圣地"。到访撒马尔罕的外国游客称其为"一座向全世界开放的城市""一座一千零一夜的传奇和童话之城"。来自世界各地的宗教人士都坚信撒马尔罕是"受真主保护的城市"。

美国著名出版物《赫芬顿邮报》将撒马尔罕列入"一个人一生中应该去的50个城市"名单，是评估其在国际旅游中地位的重要证据。

在独立后的岁月里，乌兹别克斯坦一直积极参与与国际社会的融合进程。撒马尔罕有利的地缘政治地位——位于穿越中亚地区的"丝绸之路"上，得天独厚的地理和气候条件。专业人才和必要的法律人才等，可以为该进程的发展服务。

地理位置是旅游业发展的重要因素。1994年10月5日，在撒马尔罕举行的世界旅游组织理事会上，该市被一致认为是"丝绸之路的心脏"。据西方国家专家介绍，在不久的将来，到乌兹别克斯坦旅游的人数预计将增加15%。值得注意的是，在独立的最初几年，撒马尔罕市的游客流量很少。根据与外国研究人员大卫·艾里和米拉·沙克利共同进行的一项研究，1990年，有24000人出于旅游目的来到撒马尔罕，9700人与其他到访者一起来到撒马尔罕。1995年，该市接待了14500名游客和5000名其他目的的到访者。可以看出，这些年来游客的数量减少了。其特点是出现了关税，包括运输在内的各种服务价格上涨，导致居民生活水平下降。

1998年，该市34家旅游公司接待了21700名游客。2005年，67家旅游公司接待了58500多名游客，其中63%是外国游客。

在城市中非常重要的为旅游业服务的是酒店和交通。独立后，撒马尔罕的酒店数量有所增加。截至2016年，撒马尔罕有两家四星级酒店，可容纳2800人："阿芙罗西亚普大酒店"可容纳500人，"皇家酒店"

可容纳366人。此外，还建立了民族风格的私人旅馆体系，为游客提供服务。根据原国企"乌兹别克旅游公司"撒马尔罕地区分公司提供的信息，2016年，撒马尔罕地区共有旅游公司70多家，酒店90多家，可接待4000余名宾客，其中大部分位于撒马尔罕市内。

米尔济约耶夫总统在2018年3月访问撒马尔罕地区期间，为了给游客提供更好的住宿和娱乐条件，他提出了2018—2019年在撒马尔罕建造22个国家茶馆和25家3、4、5星级酒店的任务。这肯定会增加访问撒马尔罕的游客数量，使该市的旅游潜力大增。

根据总统的决定，撒马尔罕在2018年成立了"丝绸之路"国际旅游大学，以培养该领域的合格人才。

如果说在独立初期撒马尔罕只有4—5家酒店和3—4家旅游公司，那么今天在这个领域有184家机构，其中有102家酒店和82家旅游公司。

迄今为止，撒马尔罕市对外国游客访问量的分析表明，最大的游客流量55%来自欧洲国家。按照世界旅游组织的分类，之前的苏联国家属于欧洲地区。紧随其后的是来自东亚和太平洋地区国家的游客，占22%。第三位是来自中东的游客，占11%。此外，南亚游客占8%，美洲游客占4%。

今天，游客对这座城市的文化遗产、历史古迹、圣地、手工艺作坊、城市生活、传统和民族美食感兴趣。每年约有10万外国游客和5万多名国内游客需要服务，有10多家旅游公司从事国内旅游和组织旅行。

制定了区域旅游发展规划，提出合理利用区域旅游资源，增加服务种类和服务质量，适应时代要求，利用新的未开发旅游资源。重点发展生态型、健康型、农业型和活力型旅游，支持国内旅游，对行业人员进行培训和再培训，提高他们的技能。

在此基础上，大型购物和服务综合体、民族、现代餐厅和茶馆以及各种娱乐场所正在建设中。在具有巨大旅游潜力的地区开辟了新的旅游目的地。这些地方正在建设现代化的旅游基础设施。根据该计划，为了吸引更多游客到该地区，将不断举办"撒马尔罕面包""撒马尔罕大师""民族美食"和"东方糖果""西利甜瓜"展览和民族民俗团体节日。在列吉斯坦广场的吉利亚·科里神学院，共和国工匠协会地区分会举办了民间艺术和工艺常设展览。

在历史古迹和游客最常光顾的其他地点以及撒马尔罕国际机场和火车站都安装了旅游和游览地图。

在旅游业，对雇员进行培训、进修和再培训。撒马尔罕经济与服务学院、撒马尔罕国立外语学院、萨特平旅游与生活服务专业学院、撒马尔罕生活服务与餐饮学院等与该地区的旅游公司开展合作，学生和进修生在这些公司里实习。导游在培训中心接受培训，合格后即在国家公司"乌兹别克旅游培训和咨询中心"与地区博物馆管理局联合设立的导游培训中心工作。

然而，撒马尔罕的旅游业在提供服务和培训旅游管理领域的合格人才方面需要做大量工作。今天，土耳其和意大利在世界旅游业上经验丰富，最好可以借鉴这些国家的经验发展撒马尔罕的旅游业。

2014年，70家酒店（总客房数为2213间）和47家从事旅游活动的组织为来到撒马尔罕市的游客提供服务。2010—2014年，购买了大约50辆现代巴士，将旅游业推向了一个新的水平。撒马尔罕市旅游服务业2008年总营收为146亿苏姆，2014年为343亿苏姆。此外，每年为10万名外国人和6万名当地居民提供旅游服务，这表明该市的旅游潜力逐年增长。

该地区的旅游企业参加了在伦敦、柏林、马德里、米兰、东京、上海、首尔、莫斯科等城市举办的国际旅游展。

2006年，在撒马尔罕科学生产协会的倡议下，成立了历史服装埃尔·梅洛西剧院。埃尔·梅洛西剧院的工作人员设法通过在城市古遗址发现的图像恢复了粟特时期的原始服装样本。通过其表演，该剧院使参观撒马尔罕的游客能够根据真实事件了解该市的历史、文化和艺术。

2014年10月1—3日，世界旅游组织第99届会议在撒马尔罕论坛综合体举行，来自49个国家的131名外宾（20名UNWTO代表）出席了会议。此类国际论坛、会议和座谈会有助于加强撒马尔罕作为国际名城的地位。

众所周知，在古代撒马尔罕的传统大师中，纸张制造商占有特殊的地位，他们的纸在东西方世界都很有名。在前基督教时期，撒马尔罕纸沿着丝绸之路到达伊朗、印度、叙利亚和罗马。但在过去的几个世纪里，这种民间造纸商的活动已经停止。

1995年，撒马尔罕居民Z.穆赫托罗夫参加了联合国教科文组织在布哈拉地区科贡市举办的"保护历史古迹"国际会议，该会议的项目是恢复撒马尔罕纸张的生产，并销往世界各地。如今，Z.穆赫托罗夫已经完全掌握了撒马尔罕造纸的秘诀，并在我国、联合国教科文组织和日本国际机构的支持下，在科尼吉尔村最南端创建了科尼吉尔—梅罗斯造纸中心。目前，该中心以桑树皮为原料生产各种类型的撒马尔罕纸。桑树广泛分布于中亚地区。

2017年，根据乌兹别克斯坦共和国总统米尔济约耶夫的指示，在位于撒马尔罕埃米尔·帖木儿街的阿尔波米什工厂及其周边的荒地上，由外国工程师和建筑师参与，建设了一个旅游城。

总之，在独立后这些年里，撒马尔罕的旅游业发生了巨大的变化。许多旅游公司和旅馆开始在城里营业。这促进了城市经济的增长。当地人向游客展示了当地工艺和传统的秘密，进一步提高了游客对我们历史的兴趣。

现代建筑工程

在乌兹别克斯坦独立后的社会文化生活改革过程中，特别注意城市规划，这是物质文化的重要组成部分之一。

展望未来的需要被确定为城市总体规划的一个主要因素。乌兹别克斯坦共和国首任总统卡里莫夫说："在制定每个城市的总体规划、建设建筑物和道路时，不应考虑五到十年，而应考虑长期。让他们在各个方面塑造完美的景观，不仅为今天服务，而且为我们的后代服务。"

1935 年，建筑师 M.C. 布拉托夫制定了撒马尔罕市第一个总规划，占地 3.9 公顷，可容纳 13.9 万居民。1968 年，T. 卡林诺夫斯卡娅制定了 1981—1984 年城市第二个和第三个总体规划。这些总体规划的制定极其复杂，各种障碍不断出现。撒马尔罕的中心被认为是连接城市两部分的环。在城市总体规划中还必须考虑到独特建筑的美学外观。从这个角度来看，建筑师在制定城市总体规划时必须承担更大的责任。

为了保护撒马尔罕历史古迹，乌兹别克斯坦首任总统卡里莫夫与科学家和建筑师进行了几轮讨论。在此期间，颁布了一项法令，制定了到 2025 年的城市总体规划。2005 年，当地建筑师和"塔什干博什洛伊哈"

总建筑师、乌兹别克斯坦共和国荣誉建筑师V.A.阿科普詹尼教授，制定了撒马尔罕包括历史遗迹保护在内的到2020年的总体规划。

根据计划，撒马尔罕的未来发展是一个重要因素，需要保持城市的历史性，而城市历史部分的修复工程项目需要单独的方法。这一总体规划还旨在将城市的历史部分转变为旅游中心。据他介绍，如果保持城市的历史完整性，到2010年，到城市的游客流量将增加到20万人次，到2020年将增加到50万人次。

2018年，有必要根据撒马尔罕大都市区的变化和未来几年的各种发展重新制定城市总体规划。这项重要任务交给了国有企业"塔什干博什普拉尼蒂"。

值得注意的是，撒马尔罕市的总体规划多次由建筑师和科学家制定。然而，当时由于以前该市不符合旅游城市的要求，该市的总体规划没有得到批准。目前，撒马尔罕市的建筑安装工程是根据国家总统和内阁的法令和命令进行的。

在独立后这些年里，共和国历史城市的社会经济、精神和教育发展以及城市规划和建筑的发展受到了高度重视。特别是撒马尔罕市的建筑安装工程量逐年增长，分配给该部门的资金也在增加。在独立后的头几年，该市用于建筑工程的资金总额为7270万苏姆。2002年为1.44425亿苏姆，2008年为6.15345亿苏姆。

在撒马尔罕市建市2750周年的筹备和庆祝期间，创造性工作得到了加强。撒马尔罕的所有长期发展计划正在顺利实施。在此期间，撒马尔罕市的建筑和城市规划工作在以下几个方面进行。

第一个方面是根据独立的发展、独立的意识形态、人民的生活方式和市场经济的要求，安排城市街道和广场上最有影响力的部分。

第二个方面反映在根据新的社会发展规则在全市建设和部署生活和文化教育、科学和经济建设、工业和生产设施。

第三个方面，考虑到撒马尔罕市的历史面貌和世界地位，注重修复该市的历史部分及其建筑古迹，使其适应现代社会和旅游目的，从而为子孙后代保护它们。

第四个方面是改善公众娱乐、城市气候、生态和景观，改善外部环境，组织和建设新的花园、公园、小巷。

第五个方面包括城市基础设施、改善公共生活、工程美化和设备。

所有这些方面都与建筑、城市规划和城市发展有关。为此，在独立后的几年里，制定了撒马尔罕至2015年城市发展总体规划，其中反映了上述所有方面的工作。近年来，撒马尔罕市建造了50多座现代化房屋。

2010—2014年，撒马尔罕市开发费用为4013亿苏姆。741个新建和翻新的社会设施的总金额为2.5亿苏姆，包括撒马尔罕国家档案馆大修、撒马尔罕市萨哈瓦特之家重建、撒马尔罕市前工商会大楼重建为乌兹别克斯坦文化历史博物馆、撒马尔罕市达赫贝德街传染病医院重建，重修撒马尔罕市医学院和物理治疗综合诊所大楼。撒马尔罕地区电视广播公司大楼和国家税务检查大楼也进行了重修。在城市的街道上还建造了大量现代建筑、住房和各种娱乐设施。

特别值得一提的是，撒马尔罕国际机场和机场管理大楼和В.阿卜杜拉耶夫街的皇家酒店也进行了翻新。

塔什干街位于撒马尔罕老城，连接列吉斯坦广场和比比·哈内姆清真寺，20年前是最繁忙的街道之一。塔什干街是帖木儿时代唯一幸存的城市街道，今天对汽车交通来说却太窄了。这对历史古迹的保护产生了负面影响，给游客带来了不便。2014—2015年，这里进行了大规模

撒马尔罕国际机场

的建筑工程。列吉斯坦广场进行了大规模的美化和绿化工程。由于在小巷里安装了五颜六色的喷泉，这个地方成为客人和当地人最舒适的休息和放松场所。撒马尔罕市还大规模开展了社会设施的建设和创造性工作。特别是，根据2014年的投资计划，对撒马尔罕市医疗协会拥有的医疗和预防设施进行了维修。2015年，对丝绸之路中央综合诊所和其他家庭综合诊所进行了大修。

  撒马尔罕的基础设施发展迅速。由于在这方面作出的特别决定和国家计划的贯彻实施，该市为当地居民和客人提供了舒适的住宿条件。1997年，撒马尔罕的住房总面积为520万平方米，到2006年，减少到490万平方米。2006年住房总面积与1997年相比减少，这与拆除许多个人住宅和新建不符合城市要求的建筑直接相关，并在城市建设中造成了一定的问题。1997年，撒马尔罕市人均居住面积为11.1平方米，

2006年为12平方米。这是通过建造多层房屋来增加的，这些房屋连接到符合现代要求的中央工程网络。

独立以来，新城和老城的中心部分以及与之相连的主要街道都得到了全面重建。此外，还扩大了它们的宽度，铺设和加固了新的沥青，改善了街道周围的人行道和沟渠，整理了树木的外观，种植了新的替代品，修建了新的街道，并用橱窗和广告装饰。与此同时，该市的部分街道和人行道正在修复中，修复这些缺陷对巩固撒马尔罕作为现代旅游发达城市的地位至关重要。截至2017年1月1日，撒马尔罕市修复和重建了37公里的道路。其中，国际公路16公里，国家公路10公里，地方公路11公里。

总之，尽管在城市建筑中对现代建筑和住宅的建设给予了极大的重视，但必须指出，城市建筑中仍出现了一些问题。首先，城市总体规划缺乏导致一些缺陷。市中心的大多数建筑风格陈旧，多是采用了20世纪70年代和80年代的旧风格。此外，该市当地和欧洲部分相关的许多历史建筑被拆除，引起了该地区文化遗产保护部的反对。撒马尔罕的历史面貌因历史遗迹周围当地居民的房屋被拆除和城市街道的扩建而受损。

城市生态平衡问题

撒马尔罕市第一次以"特别计划"为基础的美化和绿化可以追溯到19世纪下半叶。科学家和园丁N.I.科罗尔科夫研究了欧洲城市绿化的经验，并建议在撒马尔罕种植约100种观赏性、阴凉性和长寿的稀有树木和灌木。因此，1872—1880年，撒马尔罕大学大道、中央文化休闲公园和萨默塞特公园种植了稀有树木。阿利舍尔·纳沃伊纪念馆和其他地方的一些树今天被保存得很好。

早在苏联时期，这个问题就被高度重视。到20世纪60年代末，撒马尔罕市的绿地总量为989公顷。这意味着人均绿地面积为34平方米。

自独立以来，为了改善乌兹别克斯坦共和国居民的生活方式，在制定城市规划政策时特别注意环境问题，通过了许多旨在保持生态平衡的法律和决议。现时已有超过20条自然保护法。首先，1992年12月通过了乌兹别克斯坦共和国《自然保护法》，确定了国家权力机构和管理机构在调节与自然保护有关的法律关系，居民在自然保护领域的权利和义务，控制自然资源使用方面的权力，这些措施在撒马尔罕市以及共和国的其他城市中被广泛使用。撒马尔罕市长期以来一直是该地区的行政、政治和文化中心，也是工业企业的主要生产中心之一。今天，作为共和国的主要城市，撒马尔罕是重要的交通枢纽，也因此会对城市的大气、水资源、自然和人类健康产生许多有害影响。为了创造一个清洁的生态环境，城市管理和官方组织需要非常积极地工作。从根本上改善城市环境状况是乌兹别克斯坦国家政策的优先方向之一。

近年来，快速发展的国家的废物数量急剧增加，撒马尔罕市也存在这种情况。这也是城市生态恶化的原因之一。为了确保执行乌兹别克斯坦共和国内阁2013年12月3日《关于发展和改进共和国居民点卫生清洁系统的措施》的决定，根据现代卫生标准的要求，开展了一系列废物分类、运输和回收工作。在主要工业城市，夏季气温超过50℃，相对湿度下降30%。在树木茂密的小巷里，这一比例为35%—37%，相对湿度为40%—45%。在这种情况下，广场的大部分被大道和公园占据，以使城市的气候温和清洁。必须控制砍伐树木的行为。毕竟，撒马尔罕市位于泽拉夫尚山谷的位置对其生态和大气有很大影响。几个世纪以来，泽拉夫尚河作为决定撒马尔罕气候和生态的唯一河流具有重要意义。达尔贡等运河流经该城，直接为该地供水。然而，由于撒马尔罕地区的建筑工程和其他项目，在过去五六年里，泽拉夫尚河的地下采矿，特别是砾石，使地下水位减少了2.5—3米。众所周知，河床越深，水位越低，留在河里的水就越少。根据相关组织的结论，这种未经授权的开采工作可能会对城市未来的生态产生负面影响，并在修建运河和河流枢纽时造成损失。这表明有必要加强有关组织和国家的干预，并执行已通过的决定。

根据乌兹别克斯坦共和国总统米尔济约耶夫《关于在2017—2021年从根本上改进和发展与生活垃圾有关的工作实施系统的措施》和《关于完善生态和环境保护领域的国家管理体系的决议》，撒马尔罕在城市生态和环境保护领域开展了大量工作。

城市卫生填埋场位于撒马尔罕市以西10公里的泽拉夫尚山谷。乌兹别克斯坦共和国国家生态和环境保护委员会2017年5月23日第21/1号令，对特殊废物的形成、储存、运输、放置、加工、处置和销售提出进行控制的要求，具体由撒马尔罕地区生态环境保护部组织实施。为了有效地组织检查活动，需要有合格的专家参与，并提供必要的信息和通信技术和设备。环境改善管理局创建了国家独资企业"托扎胡德"。总体而言，近年来，城市垃圾处理处置领域已经形成。这些努力必将对改善城市生态、保护环境产生积极影响。

公园和喷泉的存在对于加强城市生态平衡也很重要。独立后，撒马尔罕市在公园、中央街道和城市娱乐区建设了许多符合世界建筑风格的景观设计样本。特别是在城市里种植了松树、云杉、杜松、紫杉、柏树、假栗子、日本藏红花、卡帕尔塔、白桦树、郁金香、木兰等抗寒抗旱树木。这些树木不仅对城市的现代外观和美丽有积极的影响，而且对其生态和居民的健康也有积极的影响。撒马尔罕景观设计中使用的这些独特的观赏树木和花卉，由成立于1971年的桑杜植物园培育。这个植物园位于撒马尔罕市西南部，泽拉夫尚河支流达尔贡运河右岸，海拔650—660米，总面积20公顷。

在独立后的岁月里，由于大规模的改造和改善工程，这座城市的面貌发生了翻天覆地的变化。与此同时，现代园林和公园建筑也成为一种独特的流派。在进行景观美化时，主要原则是特别注意需要根据装饰性景观构图种植树木、花卉或草坪。这些举措还考虑到了该地区的生态，特别是提供清洁空气。

在庆祝撒马尔罕市建城2750周年前夕，该市开展的整治工作对其环境状况产生了积极影响。生态花园围绕撒马尔罕的历史建筑布局，种植现代树木，特别是在鲁哈巴德广场进行了大规模的美化和装饰工作。广场上不符合历史古迹的建筑物被拆除，在鲁哈巴德广场周围种植了装饰性的树木和草坪，以便从四面八方都能看到它。其他广场、陵园、博物馆、花园和大学大道也进行了重建和美化。还安装了座椅、栏杆、现代照明设备，人行道铺设了瓷砖。

作为这个项目的一部分，这座城市的许多陵墓遗址在周年纪念时得到了更新修缮。特别值得一提的是，奥克萨拉陵墓在过去80年里一直被废弃，坐落在列吉斯坦广场的吉利亚·科里神学院和萨拉穆尔卡姆陵墓附近，此次得以修复。从谢赫·静达陵园到比比·哈内姆清真寺，修建了一条美丽的小巷。

位于市中心的泽拉夫尚酿酒厂被迁移到另一个地方，因为它破坏了环境，遮蔽了鲁哈巴德广场和邻近的戈里·埃米尔陵墓的景色。取而代之的是一个4公顷的花园。那些旧电影院、百货公司、家庭服务之家、微笑咖啡馆和尤比莱尼餐厅，阻挡了纪念建筑的外观，都被拆除，取而代之的是为游客和朝圣者开辟的宽阔大道。

此外，还扩建了科萨罗伊广场，种植了稀有树木和花苗，重建了大学大道。重新安装了座椅和栏杆，改善了照明系统，人行道铺上了瓷砖。塔什干街上建造不当的博物馆、阿利舍·纳沃伊电影院以及其他难看的建筑被拆除，取而代之的是一个花园。现任总统米尔济约耶夫为首任总统卡里莫夫建造了一座陵墓。

撒马尔罕市的中央文化休闲公园也进行了重建。花园的区域清除了外来元素和物品。公园内有开放和封闭的绿地、散步的小巷和阿利舍尔·纳沃伊的雕像。此外，还建造了新的花圃、林荫道、舞厅和音乐会场地、圆形剧场和池塘、儿童游乐场、新的大门，以及一个舒适美丽的花园。特别是在米尔济约耶夫总统的倡议下，2018年3月在公园入口处竖立了阿利舍尔·纳沃伊和阿卜杜拉赫曼·贾米的雕像，作为尊重百年历史的民族间和谐和睦邻友好关系的象征性标志，具有特殊意义。

贾特住宅区的一个废弃花园在独立后也得到了修复，并获得了现代的外观。公园内分为几个功能区（水域、海滩、儿童游乐设施、运动区、动物园、中央公园、埃菲尔铁塔、日本花园、乌兹别克花园、草地等）。公园内的冰宫也已建成。

在乌兹别克斯坦纪念和感恩日的广泛庆祝活动前夕，撒马尔罕建立了一个特殊的广场，在那里竖立了一个悲伤的母亲雕像。在雕像前面的空地上建了一个回廊，布置了花坛，铺种了草坪。在这个广场的"儿童科技知识中心"附近，有一个水上乐园"花园湖"和供市民在夏季沐

撒马尔罕建立了一个特殊的广场，在那里竖立了一个悲伤的母亲雕像

浴的水上景点。

从国外引进克里米亚松、白桦、郁金香、装饰木瓜、板栗、蓝云杉、菩提树、玉兰、桃花心木、天竺葵等美丽的花卉和观赏树木，装点城市街道、大街和公园。

迄今为止，全市共有喷泉36座，其中灯光音乐喷泉1座，灯光喷泉1座，普通喷泉34座。这些喷泉装饰着现代城市。2014年5月1日起，在我国主要城市塔什干和撒马尔罕举办了"喷泉节"。撒马尔罕的科克萨罗伊戏剧剧院广场和哈米德奥林洪广场、埃米尔·帖木儿大道、诗人花园、大学大道、撒马尔罕车站广场等大约10个地方的喷泉周围举办了撒马尔罕艺术家的文化节目、音乐会和绘画展览。作家、诗人、艺术家、舞蹈和戏剧团体与乌兹别克斯坦文化和体育部、共和国精神和教育中心、"卡莫洛特"青年社会运动、塔什干市和撒马尔罕州的一些机构和组织在"喷泉节"期间举办各种群众性精神和文化活动。近年来，"喷泉节"成为撒马尔罕最壮观的节日之一。

最后，可以说，独立以来，撒马尔罕市的历史地位得到了恢复。以前破败不堪的历史遗迹陆续得到修复。2007年，该市庆祝了2750周年。在该市举办的国际论坛、会议和专题讨论会加强了该市作为国际社会品

225

牌城市的地位。在这个城市的许多旅游公司和现代酒店都很有名。刺绣、木雕、造纸等民族工艺品由当地人向游客展示。在通信、物流、运输服务和道路建设等领域进行了重建和大修，这些领域在现代城市文化的发展中占有特殊的地位。撒马尔罕国际机场和撒马尔罕火车站的维修和重建工作也在全面进行。

该市大力发展经济，特别是2016—2019年，体现在创建新的工业领域（地毯、汽车、家具生产），建立新的合资企业，吸引当地和外国投资，扩大私营部门和出口增长。

2016—2019年，撒马尔罕社会领域的变化体现在公共医疗机构的现代化、私人诊所和药房的广泛开放、现代实验室的建立、诊断设备的引入、与医疗系统改革有关的医疗服务的发展。公园、运动场和游泳池等文化设施进行了现代化的改造和建设。

撒马尔罕市进行了大量的建设和创造性工作，建造了新的建筑物和设施。然而，由于缺乏有效的城市总体规划，该市对古迹建筑的修复工程因施工不规则对文化古迹产生了不利影响。

这座城市正在经历移民、迁徙、人口和集聚的变化。在独立初期（1990年代），该市人口的减少是由于其他民族（犹太人、俄罗斯人、白俄罗斯人、波兰人、韩国人、乌克兰人、亚美尼亚人、阿塞拜疆人等）向其原住国迁移。2016年以来，这座城市一直在通过集聚扩张，也就是说，由于地理位置临近的区域城市的增长，人口正在增长。

2016年以来，撒马尔罕采取了重要措施，解决燃气、电力、热力、污水、饮用水供应等领域存在的问题和短板，目前这方面的问题似已得到了解决。因此，独立以后，在撒马尔罕市的社会经济和文化领域开展的创造性工作对该市的发展产生了重大影响，尤其是2016—2019年在各领域开展的改革和取得的成果,是高度创造性工作的结果。这反映在新的合资企业、外国企业、私营工厂和2017—2019年在撒马尔罕建造的工厂、新的自由经济区、外国私营企业分支机构、城市基础设施改造(电车、隧道、道路、卡拉苏夫、撒马尔罕等)、旅游业的发展、高层住宅的建设等。

图书在版编目（CIP）数据

撒马尔罕传：历史与现代 /（乌兹）A.H. 齐奥等著；叶航译；（乌兹）达里亚特·阿普杜拉赫曼诺夫校 .—— 北京：新星出版社，2022.11
（丝路百城传）
ISBN 978-7-5133-5039-6

Ⅰ.①撒… Ⅱ.① A… ②叶… ③达… Ⅲ.①文化史－研究－撒马尔罕 Ⅳ.① K362.03
中国版本图书馆 CIP 数据核字 (2022) 第 170014 号

出版指导：陆彩荣
出版策划：马汝军　简以宁

撒马尔罕传：历史与现代

[乌兹别克] A.H. 齐奥 等著；叶航 译；[乌兹别克] 达里亚特·阿普杜拉赫曼诺夫 校

责任编辑：简以宁
责任校对：刘　义
责任印制：李珊珊
装帧设计：冷暖儿
内文排版：魏　丹

出版发行：新星出版社
出　版　人：马汝军
社　　　址：北京市西城区车公庄大街丙3号楼　　100044
网　　　址：www.newstarpress.com
电　　　话：010-88310888
传　　　真：010-65270449
法律顾问：北京市岳成律师事务所

读者服务：010-88310811　　service@newstarpress.com
邮购地址：北京市西城区车公庄大街丙3号楼　　100044

印　　　刷：天津图文方嘉印刷有限公司
开　　　本：660mm×970mm　　1/16
印　　　张：16
字　　　数：220千字
版　　　次：2022年11月第一版　2022年11月第一次印刷
书　　　号：ISBN 978-7-5133-5039-6
定　　　价：98.00元

版权专有，侵权必究；如有质量问题，请与印刷厂联系调换。